성적을 넘어 한 뼘 성장을 돕는

교육과정
—
수업
—
평가
—
기록

일체화

교육과정-수업-평가-기록 일체화

초판 1쇄 발행 2022년 12월 23일

지은이 ㅣ 이명섭

발행인 ㅣ 최윤서
편집장 ㅣ 최형임
디자인 ㅣ 김수경
마케팅 지원 ㅣ 최수정
펴낸 곳 ㅣ ㈜교육과실천
도서문의 ㅣ 02-2264-7775
인쇄 ㅣ 031-945-6554 두성 P&L
일원화 구입처 ㅣ 031-407-6368 ㈜태양서적
등록 ㅣ 2020년 2월 3일 제2020-000024호
주소 ㅣ 서울특별시 중구 창경궁로 18-1 동림비즈센터 505호
ISBN 979-11-91724-20-2 (13370)

성적을 넘어 한 뼘 성장을 돕는

교육과정
수업
평가
기록
일체화

이명섭 지음

교육과실천

이 책은 어떤 거창한 이론을 담고 있지 않다. 그럼에도 '앎을 통해 삶을 경험하는 지성적인 재미'를 위한 교육이 무엇인지 명쾌하게 풀어낸다. 이명섭의 서사 여정에는 교육의 '진정한 상식'을 찾고자 한 장인 정신이 처절하게 묻어난다. 그의 이야기에 서려 있는 정서를 공유해 보자! 혼란과 오해가 난무하는 전환기 시대, 현장에 꼭 필요한 지혜를 얻게 될 것이라 믿는다.

_손민호(인하대 교수, 인하대 교육대학원장, 『민속방법론』 저자)

하나의 이론을 실천하고, 그 실천 속에서 다시 이론을 끌어낸다면 이는 매우 탄탄한 힘을 갖는다. 수업과 평가 장면에서는 더 그렇다. 요즘 미래교육이니, IB 프로그램이니 하며 번듯한 그릇 모양에 한눈 팔린 사이에 이명섭 선생님께서 수업-평가 본연의 가치와 모습에 심혈을 기울인 도서를 출간하셨다. 그동안 '교육과정-수업-평가-기록 일체화'를 정착하기 위해 노력하고, 이를 수업에서 실천하고, 열심히 동료 교사들과 나눠 왔다. 이러한 연구와 실천하는 과정이 고스란히 담긴 역작이다. 수업-평가를 제대로 하고 싶은 분들께 이 책을 권한다. 무엇보다 교사로서 의미 있게 살아가고자 하는 이 땅의 교사들이 꼭 읽고 실천하기를 바란다.

_김덕년(전 인창고 교장, '교육과정-수업-평가-기록 일체화' 저자)

긁힌 상처 없이 좋은 말을 써놓은 예쁜 글에 나는 공감하지 않는다. 어떤 생각을 현실에서 행동으로 옮겼을 때, 좋게만 되는 일을 본 적이 없어서이다. 작은 혁신 하나도 그것을 현실에서 이루려면 뜻대로 다 되지 않고, 약간 상처가 남기 마련이다. 이 책에는 사람의 마음을 열게 하는 힘이 있는데, 그 이유는 글쓴이가 자신의 시행착오를 용기 있게 고백해서이다. 나는 이 책을 읽다가 자리에서 일어나 서성이다가 다시 자리에 앉았다. 어떤 결론을 얻기까지 어떤 실패가 있었는지가 생생하게 기록된 부분을 보면서, 관련된 경험이 강렬하게 떠올랐기 때문이다. 더 좋은 교육을 하려는 선생님들이 함께 모여 읽으면 좋은 책이다. 비슷한 제목으로 나온 책 중에서 이 책의 장점은 글이 잘 읽히고, 구체적인 교실 상황에 나와서 공감이 잘 되고 실제 할 수 있게 문제 해결 방법을 제시했다는 점이다.

_송승훈(의정부 광동고 교사, 『나의 책 읽기 수업』 저자)

대한민국 교육은 '이래야 한다, 저래야 한다'고 누구나 쉽게 말할 수 있는 시대에 살고 있다. 하지만 진짜 교육을 위해 노력하고, 말한 대로의 삶을 실천하고 있는 사람의 모습은 흔치 않다. 과거에 교육 받고, 현재 교육의 문제점을 지적하며, 미래교육을 이야기 하는 모두에게 전하고 싶다. 『한 뼘 성장을 돕는 교육과정-수업-평가-기록 일체화』는 자녀를 키우는 학부모, 진짜 교육자가 되기를 원하는 교사, 교육정책 입안과 관련된 모든 사람들의 필독서가 될 것이다.

_전준관(야탑고 교사, 교수평기일체화 회장)

국어 교사로서 이상적이고 낭만적인 꿈을 간직했던 풋풋한 시절이 있었다. 교실 칠판에 한가득 시를 적어 놓고, 곽재구 시인이 느낀 것처럼,

"마른 북어처럼 어눌한 저들의 국어 선생이

맹렬히 침을 튀기며 눌변을 이을 때

아이들은 은빛의 몸을 퉁기며

압록강 상류를 거슬러 올라가는 은어떼가 된다."[1]

그런 수업을 기꺼이 하고 싶었다. 그래서 아이들의 삶과 맞닿아 있는 세상에 관한 책들을 함께 읽고, 행복을 위한 '스스로 살기'와 '더불어 살기'

---

1 곽재구 시인의 시 〈김소월을 가르치다 보면〉에서 일부 인용함.

에 대해 자유롭게 이야기하고 쓰면서 자신의 삶을 성찰하기를 기대했다.

그러나 나의 교실은 그렇게 이상적이거나 낭만이 가득한 곳은 아니었
다. 아이들은 '현실적 성공과 미래에 대한 두려움'이라는 삶의 무게를 감
당해야만 했고, 그래서 수업 자체를 힘들어했다. 그런데 나는 오히려 그들
의 현실에 대해 무지했기에 진정으로 공감해 주지 못하고, 그것을 그들과
함께 극복하고자 하는 의지도 부족했다. 그래서 그 무모한 초심은 강한 현
실적 거부감 앞에서 무참하게 꺾이고 내 버려졌다.

그 후 오랜 시간 내 수업은 실패했다. '오로지 시험을 잘 보고 성적을 잘
받기 위한' 이기적인 가르침으로 한없이 매몰되어 갔다. 그러면서 몇몇
소수의 아이들이 주는 성공이라는 달콤한 보답에 만족을 느끼며 교단생
활을 이어갔다. 그 교실에서 대다수의 아이들과 나는, 서로의 존재를 존중
하지 않았고 서로를 소외시켜나갔다. 칠판 앞에서 서성이며 많이 외롭고
허전했다.

그러다가 아들 둘을 키우면서, 외계인 같았던 중딩들(중학교 학생들)을 만
나면서, 생각이 많이 달라졌다. 그들의 서로 다른 성장의 방향과 단계와
속도로 인한 혼란스러움을 이해하기 시작했고, 그 성장통에 대해 이해하
고 지지해 주고 기다려 주어야 한다는 점을 깨달았던 것 같다. 그렇게 뒤
늦게 40대 중반이 되어서야 수업 철이 났다. 비로소 내 교실의 대다수 아
이들을 위한 수업을 하고 싶어진 것이다.

그때부터 수업은 더 힘들어졌다. 나의 진정성과 열정을 그들은 곧이곧
대로 받아주지 않았기 때문이다. 자는 아이를 깨우다가 시비가 붙기도 하

고, 딴짓하는 아이들에게 흥밋거리만 제공하다가 수업 시간을 다 허비하기도 했다. 그러면서 점차 수업 기법과 도구에 의존하는 수업에 집중하기 시작했다. '그리고, 오리고, 찢고, 찍고, 만들고…' 이런 수업을 통해서 아이들의 참여도도 높아지고, 수업도 재미있게 이끌어 갈 수 있었다.

그런데 그것은 단지 도구적 재미이고, 정서적 재미에 불과했다. 사실을 깨닫는 데는 그리 오래 걸리지 않았다. 수업 방법과 도구를 바꾼다고 결코 내 교실의 아이들이 잘 배우는 것이 아니었다. 그것은 교육적 성장을 위한 도구이지, 목적일 수 없었다. 그것을 넘어서야 했다. 가장 중요한 '앎을 통해 삶을 경험하게 되는' 인지적 재미를 느끼고 경험하게 해 주어야 한다는 것이었다. '어떻게 가르치느냐?' 보다 중요한 것은 '무엇을 왜 가르치느냐?' 라는 것이고, 그 판단의 출발점은 '내 교실의 아이들이 누구냐?' 라는 점이라는 것을 깨닫게 되면서, 교육과정 재구성에 관심을 가지게 되었다.

국가에서 주어진 교육과정은 목표 중심이다. 그런데 교실의 아이들을 이 목표에 다가가도록 하는 데, 개인마다 방향과 속도와 방법이 다 같을 수 없다. 그래서 그 교육과정을 실천하는 내가 '아이들의 성장에 맞게 변형하거나 개발하는' 교사 교육과정이 필요하다는 생각이 들었다. 아울러 그것을 수업과 평가와 기록에까지 일관되게 적용하는 실천력이 필요하다는 것을 고민하게 된 것이다.

이 글은 그러한 고민의 흔적들에 대한 경험 위주의 기록이지, 결코 거창한 이론서가 아니다. 나와 동료교사들의 흔들리고 구부러져간 실패와, 그로부터 다시 시작한 고민의 기록들이다. 그 기록이 누군가에게 더 큰 수업 고민과 성찰로 이어지기를 간절히 바라는 의미의 기록이기도 하다.

이 글에서 왜 교사의 일방적인 가르침의 오만에서 벗어나야 하는지, 그리고 학생들의 진정한 배움이란 무엇인지, 배움을 통해 아이들은 어떻게 성장하는지, 교육적 성장을 위한 단계와 절차는 어떻게 이루어지는지에 대해 말하고 싶었다. 아울러 교사가 왜 교육과정을 읽고 써야 하는지, 어떤 방법으로 교육과정을 써야 하는지, 그리고 그 교육과정을 어떻게 수업과 평가와 기록으로까지 일관성 있게 실천해 나갈 수 있는지에 대한 고민을 담고 싶었다. 그런데 그 고민의 그 중심에는 '우리가 마주하는 아이들'이 있고, 그들과 교실에서 만나는 교사들이 있다. 교육과정의 실질적인 경험자이고 주체로서 교실에서 만나야 하는 존재들이라고 생각했기 때문이다.

다시 생각해 보아도, 젊은 시절 국어 교사의 무모하고 철없는 초심이 오히려 옳은 것이었다. 현실적으로 아무리 힘들고 어렵더라도 '나와 마주하고 있는 아이들'의 한 뼘 성장에 대해 더 고민했어야 했다. 그것은 힘들고 어렵고 더딘 작업일 것이다. 그래서 수업은 언제나 실패하는 것이다. 그렇기에 수업을 늘 고민할 수밖에 없을 것이다.

| 차례

III. 내 교실로 가져가기 위한 교육과정을 어떻게 디자인할까?

IV. 내가 만든 교육과정을 어떻게 교실로 가지고 갈까?

v. 교육과정-수업-평가-기록 일체화, 수업에 물들다.

<부록>
내 교실에서 바로 써 먹을 수 있는
교육과정-수업-평가-기록 일체화 디자인하기(양식)

수업은 언제나 실패한다.
그래서 늘 수업을 고민해야 한다

1. 수업을 실패하다

✳

처음 국어교사로 발령을 받았을 때, 낭만과 감성이 살아 있는 국어 수업을 해 보고 싶었다. 그래서 수업을 시작하면서 칠판에 가득 시 한 편을 적어 놓기도 하고, 생텍쥐페리의 『어린 왕자』를 손에 꼭 쥐고 책 속의 명대사를 읽어 주기도 하였다.

"어떤 별에 사는 꽃을 좋아한다면 밤에 하늘을 쳐다보는 게 즐거울 거야. 어느 별이나 다 꽃이 필 테니까."

그러면 아이들의 눈은 밤하늘의 별처럼 반짝거렸고, 그 눈빛을 보는 것이 행복했다.

1988년 여학교에 근무하던 첫 해, 작문 시간에 '내 짝 죽이기'라는 주제로 손바닥 소설(장편 소설) 쓰기를 아이들에게 제안하였다.

"얘들아, 너의 짝 이야기를 해 보자. 중요한 것은 죽을 수밖에 없는 절망적인 슬픔을 만들어야 해. 그런데 너의 도움에 의해 그 고통을 극복하고 삶의 의미를 깨닫는 것이 결론이었으면 좋겠어. 결국은 '내 짝 살리기'로 결말을 맺어야 하는 것이지. 그것을 통해서 삶이 얼마나 행복한 것이고, 우정과 사랑이 얼마나 위대한 것인지를 표현해 보는 거야."

그러자 아이들은 약 한 달 간 자기 짝을 깊이 있게 관찰하고 고민도 들어주고, 그것을 바탕으로 죽을 만큼의 절망을 만들어 내고, 그 절망을 친구인 자신의 도움으로 극복해 나가는 과정을 써 내려갔다. 그리고 소설을 발표하는 시간에는 서로의 이야기를 들으며 웃기도 하고 울기도 하면서 재미있어 했다. 국어교사로서 자부심과 행복감이 너무도 컸던 순간이었다.

그 행복한 기억은 정말 순간에 불과했다. 한 달 반가량 지나갔을 때, 몇몇 아이들이 불편한 심정을 쏟아 내었던 것이다.

"선생님, 선생님 수업은 재미있는데요…. 사실, 저희 공부해야 하거든요. 모의고사 문제 풀이는 안 해주실 것인가요?"

충격이었다. 내가 생각한 작문 수업과 이 아이들이 생각했던 작문 공부는 전혀 다른 것이었기 때문이다. 그들은 뒷반 선생님처럼 작문 자체보다는 학력고사에 나오는 문제 풀이 중심의 수업을 더 원했던 것이다.

그리고 얼마 후, 내 책상 위에 누군가가 낯익은 책들을 수북이 쌓아 놓았다. 수업 시간 중 학생들에게 읽어 보라고 권해 주었던 책들이었다. 문학 서적도 있었고, 철학 서적도 있었고, 역사에 관한 것도 있었다. 그중 가장 많이 눈에 띈 것은 윤동주의 시집 『하늘과 바람과 별과 시』였다. 읽어본 아이들이 교과서에서나 보던 〈서시〉나 〈별 헤는 밤〉과는 다른 〈오줌싸개〉, 〈만돌이〉 등의 시를 읽으며 재미있어 하고, 더 공감하던 그런 시집이었다. 지난 야간 자습 시간에 학년 주임 선생님(지금은 학년 부장이라고 부른다)

이 그 책을 읽던 아이들에게서 빼앗아 놓은 것이다. 그 책들 옆에는 그 아이들의 진술서가 함께 놓여 있었는데, 거기에는 "이명섭 선생님이 읽으라고 해서"라는 부분에 빨갛게 밑줄이 그어져 있었다.

그리고는 1층 교장실로 불려 내려갔다. 교장 선생님은 본인 책상 뒤 게시판에 있는 매년도 대학 진학률과 타 학교와의 모의고사 성적 비교표를 보여주었다. 그리고 엄한 표정으로 말씀하셨다.

"선배 교사들이 이렇게 열심히 가르쳐서, 아이들이 좋은 대학에 많이 가는 명문학교가 되었는데, 왜 쓸데없는 책을 읽히느냐, 지금 아이들은 공부하는 시간도 모자라서 쩔쩔매고 있는데…. 공부나 열심히 시켜라."

그날 저녁 국어과 선배 교사 몇 분이 위로주를 사주었다. 선배 교사들은 아직 신입인 나에게 격려와 동시에 충고의 말을 잊지 않았다.

"나도 말이야…. 자네처럼 젊었을 때는 그랬어. 그런데 입시가 중요한 현실이라는 것을 아는데 그리 오래 걸리지 않았어. 자네도 그리될 거야."

그리고 그들은 참고서 몇 권, 문제집 몇 권을 내게 내밀었다.

처음에는 싫었지만, 마지못해 그것들을 수업 시간에 가르쳤다. 시간이 지나면서 그것들에 익숙해졌다. 익숙함은 잘함을 낳는다. 잘하게 되면 더 잘하고 싶어진다. 그래서 입시와 관계된 것들을 열심히 공부했다. 시험에 나올 것만을 열심히 가르쳤다. 언제부터인가 손을 들어 항의를 하던 그 아이들도, 불러서 혼을 내던 교장 선생님도, 참고서와 지도서를 주던 선배 교사들도 '선생님, 잘 가르친다'는 칭찬과 격려를 해 주었다. 이제는 후배 교사가 들어오면, 떳떳하게 충고도 해 줄 수 있게 되었다.

"그런데 말이야. 현실은 그렇지 않아."

어느 해인가, 심화반에 있던 한 학생이 S대학뿐만 아니라, 사관학교에 입학하고 싶어 했다. 몇 명의 교사들이 밤 11시 이후에 운동장에 모였다. 한 명은 그 학생을 데리고 운동장을 뛰고, 다른 한 명은 차량 헤드라이트로 운동장을 비추어 주고, 또 다른 두어 명은 랜턴으로 운동장을 비춰 주었다. 나도 그 정성스러움에 기꺼이 동참하였다. 그러한 노력의 결과로 그 학생은 S대도 합격하고, 사관학교도 우수한 성적으로 입학할 수 있었다. TV에도 나오고 신문에도 보도되었다. 그 아이도 나도 자랑스러웠다.

우수한 아이들의 성적은 별도로 관리하였다. 입학하면서부터 모든 성적을 데이터화하여 보기 좋게 그래프로 표시도 하고, 그것을 바탕으로 면담을 통해 더 열심히 할 것을 강요하였다. 이 아이들이 결국 나와 학교의 명예를 높여 줄 것이라 믿었기 때문이다. 이런 학생들은 전체 학생의 약 10% 이내였던 것 같다. 나머지 학생들에 대해서는 크게 의미를 부여하지 않았다. 그들이 어떤 꿈을 꾸었고, 어떤 진로를 희망했으며, 어떤 공부를 하였는가는 그리 관심이 가지 않았다. 아이들은 그냥 잘해야 하는 것이 아니라, 남보다 잘해야 하는 것이다. 남보다 잘해야 성공할 수 있고, 학교의 명예도 빛내 줄 수 있다고 생각했다.

숙제로는 깜지(일부 지역에서는 빽빽이라고 부른다)를 내주었는데, A4 용지 한 장을 앞뒤로 빽빽하게 암기 내용이나 문제 풀이 내용을 적어서 제출하도록 하였다. 무엇을 적었느냐는 상관이 없다. 종이에 하얀 여백이 남아 있느냐, 없느냐가 유일한 통과 기준일 뿐이었다. 시간이 한참 흐른 후, 모 학교에서 만난 제자 교사가 여전히 깜지를 과제로 내주는 모습을 보았다. 누구에게 배운 것일까? 결국 나에게 배운 것이고, 그것을 통해서 공부에 성

교육목표	교육과정	수업	평가, 기록
내가 가르친 아이들, 한 명이라도 더 좋은 대학 밀어 올리기	시험문제에 나올 것만 고르기, 참고서 몇 권 베끼기	진도 나가기, 시험 유형 풀이 수업, 깜지 내주기	숫자로만 한 줄 세우기, 소수로 학교 명예 높이기

[그림 1-1] 나의 왜곡된 교육과정-수업-평가 일체화의 모습

공하였다고 믿기에, 그대로 답습하고 있던 것이다. 그런데 청출어람이었다. 제자 교사는 B4 용지로 업그레이드해서 과제로 내주고 있었다.

이렇게 나의 수업은 점차 초심을 잃었다. 교육목표는 오로지 '한 명이라도 더 좋은 대학에 보내기'였다. 그러자니 교육과정도 수업도 크게 고민할 필요가 없었다. 그저 시험문제에 나올만한 것이 잘 정리된 문제집 위주로 유형풀이를 해 주고, 그것을 바탕으로 숫자로 한 줄 세워주면 되는 것이었다. 그렇게 30대 초반에서 40대 초반을 보낸 듯싶다. 지금 생각해도 너무도 아쉽고 후회가 많이 된다.

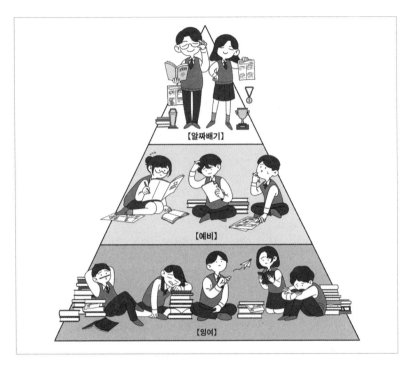

[그림 1-2] 우리 교실 아이들의 현실적 모습

  어느 날, 신문을 보다가 우연히 발견한 그림을 멍하니 쳐다 본 적이 있다. 그 그림 속 아이들은 불과 10대에 '알짜배기, 예비, 그리고 잉여'라는 말로 높낮이가 결정되어 있었다. 상위 집단에 속한 소수의 아이들만 성공하고 기억되는, 더 많은 아이들은 열등감과 좌절감에 빠지게 만드는 교실 구조가 그려져 있었다. 그 구조 속에 내가 있었고, 그 구조를 견고하게 만드는 데 일조하였던 것이 아니었을까.

2. 관계와 소통을 배우다

✳

　20년 가까이 근무하던 사립 고등학교 생활을 접고, 공립 중학교로 자리를 옮기게 되었다. 그곳 아이들은 고등학교에서는 보지 못했던 외계인들이었다. 수업 시간에는 딴짓만 하고, 훔치고, 싸우고, 날마다 말썽만 피우는 아이들이었다. 그들은 공자 왈 맹자 왈 같은 내 말의 의미를 이해하지 못했고, 이해할 마음도 없었다. 나 또한 그들의 산만하고 쌍욕이 가득한 말을 알아들을 수 없었다. 3학년 부장교사였던 내가 유일하게 그들에게 할 수 있는 가르침은 화내고 때리는 것뿐이었다.

　그런데 같은 교무실에서 근무하던 젊은 세 교사는 나와 달랐다. 그들은 수업 시간에 아이들과 소통도 잘하고, 필요할 경우에는 집중을 시키는 방법도 잘 알고 있었다. 게다가 쉬는 시간에도 스스럼없이 아이들과 잘 놀아주기도 하는 모습이 눈에 자주 띄었다. 그러던 중 한 여학생이 학교 폭력 피해자로 병원에 입원한 일이 있었다. 병문안을 가서 나름 좋은 이야기를 건넸는데 그 아이는 더 힘들어하는 모습을 보였다. 그런데 함께 간 여교사는 그 아이와 당시 유행하던 만화책 이야기를 신나게 주고받는 것이 아닌가. 머쓱해져서 한 구석에서 그들이 정겹게 이야기하는 장면을 지켜보아야만 했다.

그 교사들의 '아이들의 시선으로 바라보는 따듯한 눈 맞춤', '때로는 친절하고 때로는 단호한 말투', '아이들의 경험과 맞닿아 있는 구체적인 언어'들을 수업 속에서, 아이들과의 생활지도나 상담 활동에서 옆에서 자주 지켜보게 되었다. 그러면서, '수업을 잘 한다는 것'의 기본은 '아이들과의 친밀한 관계 속에서 소통을 잘하는 것'이라는 것을 차츰 깨닫게 된 것이다.

무작정 그들의 흉내를 내보았다. 아이들이 흥미로워하는 다양한 수업 도구나 보상 도구를 사용하기 시작하였다. 협동 학습법에 관한 책도 찾아 읽게 되고 연수도 듣게 되면서, 모둠도 만들고 모둠별 협력학습도 시도하게 되었다. 그러면서 조금씩 나의 수업도 변하게 되었다. 만족할 만한 수준은 아니었지만, 아이들과 조금씩 소통하는 수업이 가능해졌다.

그렇지만 여전히 도구적 재미나 정서적 재미를 주로 사용하는 한계를 벗어나기는 쉽지 않았다. 나의 스승이 된 그 교사들은 그리 많지 않은 도구로도, 아이들과 소통이 원활한 수업을 하고 있는 것을 쫓아가기에는 아직 많이 부족하였다. 지금 생각해 보니, 그것은 도구나 재미만으로는 이룰 수 없는 '진정성의 힘'이었던 것 같다. 이 아이들의 처지를 이해하고, 이 아이들의 고민을 이해하고, 그들의 한 뼘 성장을 위해 조금이라도 보탬이 되려고 노력하는 모습이었던 것이다. "아이들은 못 배운 것이 아니다. 다만, 천천히 배우고 있을 뿐이다. 아니, 배움이 느린 아이도 없다. 다만, 우리들이 빨리 가고 있을 뿐이다." 그들과 함께 이런 수업에 대해 진솔한 이야기들을 많이 나누었던 것 같다. 그리고 아이들과 함께 기차 여행도 가고, 영상 만들기 활동도 하고, 학교 축제 행사도 함께 만들어 가면서 아이들의 세상에 조금씩 다가갈 수 있었다. 이렇듯 그들과 함께 했던 4년간의 중학교 교사로서의 경험은 그동안 잃어버렸던 '교사의 초심'이 무엇이었는지를 다시금 깨닫게 해 주었다.

내게는 큰 행운이었다.

> 결코 완전한 선생은 있을 수 없다. 어떤 학생도 나름대로 새로운 과제이고 새로운 수수께끼이기 때문이다. 학생을 본질적으로 이해하려는 것, 그것은 대단히 힘든 작업이지만 유일한 진실한 작업이다. 깊은 관심을 가지고 아이들의 병적 징후를 더듬어 갈 때, 우리들은 최상의 자기 교육을 하는 것이다.[2]

---

2   루돌프 슈타이너 지음, 김성숙 옮김(2001), 『교육은 치료다』, 물병자리

3. 다시 수업을 고민하다

✳

그렇게 40대 중반이 넘어서야 수업 철이 들었다. 소수의 성공하는 아이들이 아닌, 내 교실에서 만나는 다수의 아이들을 가르치고 싶었다. 그들에게 좀 더 다가가 '한 뼘 성장'을 도와주고 싶었다. 그런데 그들은 나의 진정성 가득한 마음에 조금의 관심도 없었다. 아무리 수업 준비를 열심히 해 가도, 내 이야기를 잘 들어 줄 생각도 별로 없어 보였다. 자는 아이 깨우다가 짜증내는 소리만 듣기 일쑤였다. 차라리 내 이야기를 잘 듣고 피드백도 잘 주고 고마움도 잘 아는 '공부도 잘하는 아이들'에게 초점을 맞출 것을 그랬나, 하는 후회를 몇 번이나 했다. 그런 생각을 할 때마다 교실에 들어가기도 전에 한숨부터 나왔다. 그래도 포기하기는 싫었다. 해 보고 싶었다. 아니, 다시 후회스러운 과거로 돌아갈 수는 없었다. 그것이 나의 숙명이고, 사명이라고 그럴듯한 명분으로 다짐을 하곤 했다. 그렇게 수업 고민과 수업 고통은 더 깊어져만 갔다.

다시 다양한 수업기법과 도구들을 가지고 왔다. 특히 협동학습을 열심히 적용하였던 것으로 기억한다. 토론학습도 해 보고, 프로젝트 수업도 해 보고, 게임을 활용한 수업도 해 보고…. 역시 아이들은 재미있어했고, 잠에서 깨어나 관심을 보이기 시작했다. 그러나 그것도 오래 가지 못했다. 곧 싫증을 내고, 다시 학생들과 나는 서로를 소외시켰던 것이다. 보다 자극적이고 흥미로운 수업기법과 도구를 찾아 적용하려고 애를 썼다. 도구적 재미와 정서적 재미만으로는 아이들을 배움으로 이끌지 못한다는 것을 이미 알고 있었음에도 그 유혹에서 쉽게 벗어나지 못했다.

수업 방법만 바꾼다고 아이들이 결코 잘 배우는 것은 아니었다. 경험과 배움의 정도가 천차만별인 아이들에게는 때로는 주입식도 필요했고, 때로는 토론식도 필요했고, 어떤 아이에게는 자습도 필요했다. 그러면서 '어떻게 가르치느냐?' 보다 더 중요한 것은 '누구에게 무엇을 가르치느냐?' 더 나아가 '누가 무엇을 어떻게 배우느냐?' 에 대한 고민이 더 필요하다는 것을 깨닫게 되었다. 아이들 각자에게 국가에서 주어진 교육과정의 목표를 가지고 일률적으로 가르쳐서는 안 되는 것이었다. 결국은 그 어려운 목표에 다가서는 소수의 아이들만 남게 되고, 대다수 아이들은 재미는 있었으나, 배우지 못한 교실이 되기 일쑤였던 것이다.

다시금 수업 고민이 깊어졌다. 기본적으로 주어진 교육과정을 따르되, 이것을 내 교실의 아이들에게 맞게 수정해야겠다는 생각에 이르게 되었다. 그러면서 교육과정을 재구성하여 수업하고 평가하고 기록하는 일 전체를 통으로 고민하고 실행해 보는 것이 가능한 지에 대해 탐색하기 시작하였다. 교육과정을 학교에 맞게, 또는 교실에 맞게 재구성하여 실천한 교사들의 사례들을 여기 저기 찾아보게 되었다. 때마침 혁신학교 운동이 있었고, '배움 중심 수업'이라는 화두가 회자되고 있었던 때였다.

　함께 국어를 가르치던 동료 교사들에게 이런 수업 고민을 털어놓았다. 그리고 함께 이런 수업을 시도해 보지 않겠냐고 도움을 요청하였다. 그런데 그들은 기본적인 생각에는 동의를 해 주었지만, 구체적인 실천은 주저하였다. 수업 방법이나 평가의 방법을 수정하는 것은 가능하지만, 주어진 교육과정을 교사가 '임의대로' 바꾼다는 것에 대해 현실적으로 가능성이 적다고 걱정을 하는 것이었다. 교육과정을 만들거나 수정하는 것은 교사의 몫이 아니라고 생각하고 있었다. 게다가 교사가 임의대로 수정한 교육

[표 1-1] 2012년 교육과정-수업-평가-기록에 대한 교사 워크숍에서 나온 내용

교육과정	- 겉만 번지르르한 1년짜리 공문 - 사업과 행사 투성이 - 교장만 바뀌면 뒤집어 버리는 것 - 국가에서 주어지는 이데올로기
수업	- 진도 나가기도 바쁘고 - 어떻게 가르치지? - 너무 많은 학생과 수준차? - 강의식 수업을 버려야? - 넘치는 수업방법과 도구
평가	- 평가의 공정성과 신뢰성? - 시험문제에 오류가 없어야 하는데… - 이의 제기에 어떻게 대처하지? - 1등급 만들기 - 지필, 수행평가, 과정중심평가/…
기록	- 어떻게 기록해야 좋은 학교에 보내지? - 적자(적는 자만이) 생존(살아남는다.) - 학기말에 하는 교사의 놀라운 상상력

과정을 가지고 수업과 평가가 기록으로 연결해 가는 것에 대해서도 상당히 부정적이었다. 그해 12월에 교사 워크숍을 하면서 토의 주제로 제시하였더니, [표1-1]과 같은 부정적인 이야기들이 쏟아져 나왔다.

이유는 무엇이었을까? 교육과정, 수업, 평가, 기록은 별개의 것이 아니라, 하나로 연결되고 연계되는 과정임을 오래전부터 잊고 있었던 것이다. 학교 현장이, 교육의 본질보다도 현실적 업무 때문에 이 과정을 각기 분절히 여 인식하고 실행하고 왔던 것이다.

그러다 보니, 보여주기식 교육과정 (전시성 행사와 사업 위주로 되어 있는) 보고용 문서로만 교육과정이 생성된다. 교실로 향해야 할 교육과정이 반대로 교육청으로 가고, 그 이후로는 캐비닛에 갇혀 있는 꼴이 된 것이다. 학생들이 경험하지 못하는 교육과정은 아무 의미가 없다. 아무 의미도 없는 교육과정이 그냥 몇몇의 부장 교사에 의해 꾸며지고, 대부분의 교사들은 교육과정 자체에 관심이 없어지게 된 것이다.

교사들이 크게 관심을 가지는 것은 수업과 평가와 기록일 것이다. 그런데 수업은 진도를 나가는 것에 그치거나, 최근의 경향처럼 수업 스킬 중심으로 양식과 도구만 넘치는 수업이 넘쳐 난다. 학생들이 '무엇을' '왜' 배우는 지에 대한 근본적인 질문 없이 '어떻게 가르칠 것인가?' 라는 분절적이고 기술적인 부분으로 기울어져 있었던 것이다.

평가는 교사들이 가장 곤혹스러워 하는 부분이다. 특히 변별을 위한 성적 내기와 감사와 이의제기에 대한 두려움, 배운 것과 다른 것을 평가하는 모순 등의 딜레마가 현실적으로 놓여 있다. 내 수업 시간에 제대로 듣지 않아도, 학원 등에서 공부해서 좋은 점수를 얻는 아이들을 볼 때마다 이런 딜레마는 더 커지게 마련이다.

최근에 교사들에게 또 다른 고통을 주고 있는 것이 기록이다. 진학의 주요한 수단이 되면서부터, 교사들은 마치 전쟁을 치르듯 기록의 양과 질에 많은 노력을 기울이게 된다. '적자생존(적는 자만이 살아남는다)'이라는 말이 있을 정도로 학기 말이 되면 교사의 놀라운 상상력의 발휘를 강요했던 것이다.

이렇듯 교육과정, 수업, 평가, 기록은 그 자체의 현실적인 고민과 딜레마로 인해서 연계되지 않는다. 서로 긴밀히 연결되고 실천되고, 피드백을 주고받는 선순환으로 발전되지 않는다. 그것은 마치 베어놓은 나무와 같다는 생각이 든다. 부러진 나무에서 뿌리와 줄기와 잎사귀들은 한 몸이 아니라, 제각기 별도여서 성장하지 못하고 그냥 썩어가고 있는 듯한 느낌을 준다.

결국 보여주기식 교육과정, 스킬만 넘치는 수업, 변별과 선발의 기능이 비대해진 평가, 오로지 진학을 위한 도구로서의 기록에 매달려서 온전한 나무 하나를 보고 있지 못하다는 생각이 들었다. 나의 수업 고민은 이 지

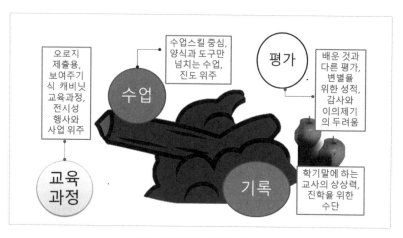

[그림 1-3] 분절된 교육활동의 모습

점에서 크게 전환점을 맞게 되었다.

중요한 것은 '무엇을 배우게 할 것인가? 어떻게 배우게 할 것인가? 무엇을 어떻게 평가하고 기록할 것인가?' 를 분절하여 생각해서는 안 된다는 것이다. 그것들은 각기 다른 몸이 아니라, 서로 연결되고 일체화되어 서로 영향을 미치는 한 몸인 것이다. 애초의 '나무 한 그루 잘 키우기' 즉 교육과정을 중심으로 배우게 하고 피드백을 주고 그 과정과 결과를 기록해야 하는 것이다. 그리고 이러한 교육과정, 수업, 평가, 기록을 한 덩어리로 생각하고, 그것을 연계하여 고민하고, 내 교실의 다수의 아이들을 위해 실천하는 '반성적 실천가' 가 되고 싶었던 것이다.

> 교사는 교육과정 자체의 깊이 있는 이론가이거나, 단지 몇 시간 수업을 위한 탁월한 기술자이거나, 공정하고 객관적인 평가 적용의 전문가이거나, 또는 학생부 기록의 달인이 될 것을 요구받는 것은 아니다. 이 모든 과정을 하나의 덩어리로 인식하고, 자연스럽고 원활하게 실천하는 실천가가 되어야 한다.[3]

'반성적 실천가' 가 되기 위해 다음과 같은 질문을 스스로에게 던져 보았다. 그리고 그 질문에 대한 해답을 찾기 위해 다음 여섯 가지로 고민하고 성찰하고자 하였다.

---

3   이명섭 외(2017), 『교육과정-수업-평가-기록 일체화(실천편)』 , p. 43, 에듀니티

첫 번째 고민. 교사는 무엇으로 정체성을 말할 수 있는가?

두 번째 고민. '교육한다'와 '가르치다'의 의미는 무엇일까?

세 번째 고민. '잘 배움'은 성공일까 성장일까?

네 번째 고민. '잘 배움'의 의미를 교육적 성장으로 연결시킬 수 있을까?

다섯 번째 고민. 교육적 성장을 위해 교육과정을 어떻게 읽고 써야 하는가?

여섯 번째 고민. 교육과정을 어떻게 수업과 평가와 기록으로 연결시킬까?

왜 교육과정을 읽어야 하는가?
- 여섯 가지 수업 고민을 통해 성찰해 보기

1. 교사는 무엇을 하는 사람일까?

✳

가. 고민 1. 교사는 무엇으로 정체성을 말할 수 있는가?

교사는 무엇을 하는 사람일까? 이 질문에 대한 가장 명쾌하고 단순한 답은 초중등교육법 제 20조(교직원의 임무)에 잘 나와 있다. 내가 교직을 시작한 당시만 해도 '교사는 교장의 명에 따라 학생을 교육한다'라고 왜곡되게 표현되어 있었으나, 1997년 12월에 다음과 같이 개정되어 고시하고 있다.

교사는 법령이 정하는 바에 따라 학생을 교육한다.

다시 말해 교사는 교육법, 교육공무원법, 초중등교육법 등의 명문화된 법에 의해 그 직무가 '학생을 교육하는 사람'으로 결정되고, 그 직무에 합당한 사람들에게 국가가 자격증을 부여하는 교육 전문직[4]이라는 의미를 가지는 것이다.

그렇다면, 교사는 전문직으로서 어떤 모습이어야 할까?

미국교육연합회(NEA)의 교육정책위원회는 전문직의 기준으로서 다음과 같은 내용을 제시하고 있다.

첫째. 전문지식의 모체에 기초를 두고,

둘째, 자격증을 요구하고,

셋째, 가입요원의 복지와 전문적 성장을 위해 봉사하고,

넷째, 윤리강령을 갖고,

다섯째, 해당 분야의 공공정책에 영향력을 행사하고,

여섯째, 집단 응집력이 있을 것 등이다.

이를 바탕으로 교사의 전문성을 정리해 보면,

첫째, 교사는 교육과정, 교과, 수업 등에 대한 높은 수준의 지식과 기술을 가지고 있고 국가가 이를 인정하는 자격증을 부여하고 있다. → 이론적 전문성

둘째, 교사는 수업을 포함한 교육활동을 자율적으로 기획하고 실행하는 실천력을 가지고 있다. → 실천적 전문성

셋째, 교사는 전문성을 높이기 위해 끝없이 협력하고 공유하며 성찰하는 전문적 집단을 유지하고 있다. → 연구적 전문성

---

4 흔히 장학사, 연구사 등을 교육전문직이라 함은 교육청 등에서 일반 행정직에 대비되는 의미로 사용되는 말이다. 하지만 이를 학교 현장에서 교사 등과 대비하여 그대로 사용하는 것은 잘못된 것이라고 본다. 교육장학직, 교육연구직 등으로 바꿔 부르는 것을 제안한다.

<ol>
<li><이론></li>
</ol>
자기 분야에 대한
수준 높은 지식, 기술
→ 라이선스

<실천>
자율적인
기획과 실행

<연구>
협력과 공유를 통한
성찰과 발전

교육과정, 문해력,
교과지식, 수업지식

수업, 교육활동

연수, 교과협의회,
전문적 학습공동체

[그림 2-1] 교사 전문성의 의미

    물론 교사의 정체성을 단순히 법령이나 이론적인 설명만으로 이해하기에는 부족함이 많다. 그렇다 하더라도 교사로서 자신의 직무에 대해 전문성이 의심이 될 때, 효능감이 떨어지거나 자존감이 떨어질 때, 학교에서 본래의 교육활동보다는 행정업무에 시달릴 때, 전문적 학습공동체가 제대로 작동되지 않는 학교의 현실에 부딪칠 때, 우리의 본연의 정체성이 무엇인지에 대해 성찰해 볼 수 있는 기본적인 글귀가 될 것이다.

성찰하기 1

교사는 법령에 의해 전문성을 인정받은 자율적 존재임을 자부심을 가지고 인식해야 한다. 그리고 그 전문성을 바탕으로 교육과정과 수업과 평가 등을 실천하고 연구하고 공유하는 본연의 업무에 충실하도록 노력해야 한다.

나. 고민 2. 학생을 '교육한다'는 '가르치다'와 동일한 의미일까?

교과 내용을 가지고 학생을 가르치는 사람들은 학교 밖에도 많다. 소위 사교육이라 부르는 학원과 개인 과외에서도 학생들을 가르친다. 다만, 사교육에 종사하는 이들은 교사 자격증이 없어도 된다. 그렇다면 교사 자격증을 가지고 있는 전문직으로서 '교사가 학생을 교육한다'는 의미는 이들과 무엇이 다를까?

'교육'이라는 말을 해석하면 '교(敎)' 가르치고, '육(育)' 기른다는 뜻이다. '옳고 바른 것을 가르쳐서 이끈다'라는 의미로 해석되기도 한다. 잘 가르쳐서 우리가 원하는 옳고 바른 목표에 도달하게끔 이끌어 주는 것이 교육이라고 생각할 수 있다. 그런데 이런 의미로만 교육을 바라보는 것이 과연 바람직할까?

고등학교 다닐 때, 3년 간 서양의 고전음악을 들어야 했습니다. 음악과 출신이던 교장 선생님의 소신과 철학이 담긴 교육활동의 일환이었지요. 아침 조회시간에 10분, 점심을 먹으면서 10분, 가장 듣기 힘들었던 것은 청소 시간에 유리창 닦으면서도 고전음악을 들어야만 했다는 것입니다. 그러다가 소지품 검사 시간에 제가 좋아하던 가수 양희은의 노래 테이프가 발각되었습니다. 학생주임 선생님은 테이프를 죽 잡아당기시고는 내게 집어 던졌죠. 대중음악을 듣는다는 이유 하나로 혼이 났던 것입니다. 그 후, 저는 고전음악에 대한 심한 공포증이 생겼습니다. 지금도 드라마를 보다가도 배경 음악으로 고전음악이 나오면, 바로 채널을 돌려버리곤 합니다. 갑자기 양희은 테이프를 빼앗겼던 고등학교 시절로 돌아가기 때문입니다.

앞의 이야기는 고전음악 연구학교를 다녔던 나의 이야기이다. 물론 당시의 선생님들은 아이들에게 고전음악을 잘 향유할 수 있도록 이끌어 주려고 하였을 것이다. 그런데 정작 '나'는 배우지 못하였다. 잘못 배운 것을 넘어서서, 어른이 된 지금까지 극도로 싫어하고 거부하게 되었다. 이기적인 나의 입장에서 보면, '가르침으로 이끌어 주는 것'이 아니라, '가르침으로 오히려 퇴보시키는 것'이었다. 10여 년 전, 독서 연구학교에 다녔던 아이들의 진솔한 진술서를 읽었을 때의 생각도 크게 다르지 않았다. 그들도 예전의 나처럼 책을 읽고 그 감상을 써서 제출하는 것이 너무 끔찍하다'고 말하고 있었던 것이다. 이 아이들이 되바라진 것일까?

그렇지 않다. 이것은 오히려 '가르침의 오만'이다. 그저 목표를 정해 놓고, 그 목표점에 도달하는 것만 가르치려고 한다면, 정작 배워야 할 아이들을 무시하는 처사다. 배워야 할 아이들이 어떤 상황인지, 그것을 받아들일만한 지 고려하지 않는다면 그 배움이 제대로 닿지 못하는 것은 당연한 일이다. 단지 교사의 가르침에 아이들은 따라와야 하고, 따라오지 못하면 되바라진 놈들이라고 매도한다면, 이는 매우 이기적인 일이다. 만화[5]에 나오는 가르침과 배움의 차이에 대한 이야기를 들어 보면, 가르침과 배움은 전혀 같을 수 없다는 사실을 잘 보여주고 있다.

가르침을 자랑하는 친구 1 : 내가 강아지에게 휘파람부는 것을 가르쳤지!
가르침을 확인하고 싶은 친구 2 : 그런데 나는 강아지가 휘파람 부는 것을

---

5 https://www.teachingtimes.com/'에서 인용함.

들지 못했어. 어떻게 된 거야?

가르침을 자랑하는 친구 1 : 나는 가르쳤다고 말했지, 강아지가 배웠다고는
말하지 않았거든.

강아지가 휘파람을 불수는 없다. 그런데도 휘파람을 불어야 한다는 목
표를 달성해야겠다는 강한 의지가 생기면, 상대방이 받아들일 수 없는 상
태임에도 강요하게 된다. 가르친다고 모두가 다 배우는 것은 아니다. 그런
데도 그 가르침을 강요할 경우, 배우는 아이들은 힘들어지고, 때로는 소외
되고, 때로는 정체되고, 그러다가 탈락하기도 하는 고통을 겪을 수도 있다.

엄마 오리가 말했습니다.

"아가들아, 길을 건너면 맛있는 음식이 많아. 그러니, 아무 생각 말고 엄마만
빨리 쫓아와."

아기 오리들은 길을 건너다가 몇은 차에 치여서 죽었지요. 그리고 힘겹게
건너온 아기 오리들이 마지막 관문인 하수구 구멍을 넘지 못하고 빠져 버렸
습니다. 결국 한 마리만 길을 다 건넜고, 그 한 마리만이 맛있는 음식을 먹었
답니다.

[그림 2-2] 왜곡된 오리 엄마의 사랑 이야기

[그림 2-2]의 이야기에 나오는 엄마 오리는 과연 아이들을 진정으로 사랑한 것일까? 그리고 그 엄마 오리와 아이들은 행복했을까? 다시 한번 생각해 봐야 할 문제이다.

우리는 흔히 학교의 교장, 교감 선생님들이 자신의 철학과 뜻대로 학교를 마음대로 좌지우지하는 '가르침의 오만'을 가지고 있다고들 한다. 그러나 오히려 심한 곳은, 우리의 교실이고 수업 시간이고 교사들인 우리들이 아닐까? 선생님의 소신과 철학이 옳다고 해서, 교실 문을 닫는 순간 나(교사)만의 왕국을 만들고 있지는 않을까? 수업 진도, 진학과 성적, 학교의 성과, 지난주에 배웠던 좋은 수업 방법과 도구와 화려한 양식들을 가지고 교실에 들어가는 순간, 어떤 아이들은 오히려 그것들로부터 멀어지거나 도망갈 수도 있다는 사실을 잊고 있는지도 모른다.

나 역시 교직 생활을 하면서, 이런 '가르침의 오만'을 버리기가 쉽지 않았다. 특히, 한때 열렬한 문학도였기에 감동적이고 교훈적인 교과서와 그 외의 작품들을 읽어가며 이와 똑같은 느낌을 학생들에게 가지도록 강요하였던 적도 있었다. 그런데 그들은 나처럼 문학 작품을 그리 흥미롭게 읽지도 않았고, 감동하지도 않았다. 오히려 부담스러워 하고, 어려워하였다. 단지 시험을 잘 보고 좋은 성적을 얻기 위해서 내가 던져준 감동과 교훈을 외웠던 아이들도 상당수 있었을 것이다.

2014년 OECD에서 발표한 "국제 성인 문해능력 조사(International Adult Literacy Survey, IALS)"에 의하면, 한국인의 실질 문맹률(실제로 글을 읽고 해석하는 능력)은 OECD 국가 중 최하위라고 한다. 그중에서 고등학생과 대학생의 경우를 그래프로 그려 다른 나라들과 비교해 보았다.

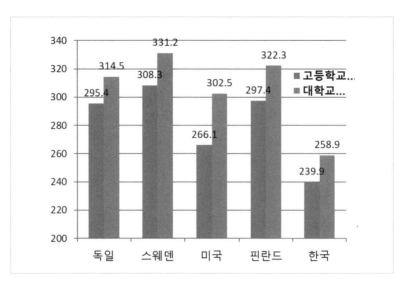

[그림 2-3] 2014년 OECD 각 국가별 문서 해석 능력

우리보다 학력이 현저히 낮다고 생각되는 독일이나 미국과 비교해 보아도 문해력의 정도가 무척 낮음을 알 수 있다. 그렇게 많은 읽기 자료(교과서, 참고서, 권장도서 등)를 제공하고, 독서를 강조해 왔는데도 왜 이런 결과가 나왔을까?

이유는 자명하다. 우리가 아이들에게 책을 읽힌 것이지, 아이들이 책을 읽은 것은 아니기 때문이다. 관심도, 흥미도 없는 책을 단지 고전이나 명저라는 이유로 강요하고, 흩어진 모래알처럼 읽고 외우고 분석하게 하였기 때문이다. 그리고는 지루하고 긴 감상문을 쓰게 해서 '이런 점이 인상적이었고 교훈적이었습니다. 그래서 저는 이렇게 살고자 합니다' 라는 정답을 쓰게 하고, 그것을 성적에 반영하는 자발적이지 못한 '읽기'를 시키고 있기 때문이다.

최근 입시에 독서가 강조되면서, 오히려 책읽기가 입시 공부의 수단으로 활용되고 있는 것도 그 이유 중의 하나이다. 그러다 보니, 어른들도 읽기 힘든 전문적인 책들을 우리 아이들은 이해하고 감상하기 보다는 거의 정답 찾기식 독서에 매달리고 있지 않나 싶기도 하다.

교사의 '가르침의 오만' 이 두드러지게 나타나는 또 다른 현상이 있다. 그것은 진도를 나가야 한다는 교사의 강박 관념과 관련이 있다.

> 몇 년 전 모 학교 수업 컨설팅을 할 때였습니다. 사전에 수업 영상을 받았는데, 영상에는 아이들 모습이 전혀 보이지 않더군요. 선생님의 설명만 이어지고, 간간이 학생 한 명의 대답만 오가는 그런 영상이었습니다. 그래서 그 선생님께 전화를 해서 어찌된 일인지 물어 보았더니, 아이들의 학력이 너무 낮아서, 수업을 들을 수 있는 아이들이 거의 없다고 하소연하더군요. 대답을 하는 학생이 누구냐고 물었더니, '반장이라고…. 그 아이는 의무감에 들어주는 것 같다' 고 하더군요. 그래서 왜 아이들이 듣지도 않는 수업을 하느냐고 물었더니, 진도를 나가야 한다고 하더군요. 가르쳐야 할 것을 가르쳐야 한다고 말입니다. 그래야 시험 범위를 맞출 수 있다고.

누구를 위한 진도이고, 시험일까? 다수의 아이들이 전혀 알아듣지 못하는 수업을 오로지 교사의 목표로 끌고 가는 것이 과연 바람직한 것일까? 이런 수업은 결국 잘 받아들이고 잘 적어내는 소수의 아이들만을 위한 수업이 되어 버릴 것이고, 대부분의 아이들에게는 배움이 일어나지 않을 것이다. 명분은 '진도 나가기' 이지만, 아이들의 선택 여부에 관한 권리는 이 순간 없어지고 만다. 그저, 선생님이 공중에서 던져 주는 수많은 교과 내용들을 하루 종일 듣고 적고 시험 보는 것을 반복할 뿐이다. 이는 소위 '진도 폭격'을 통한 '진도 폭력'이라고 부를 수 있지 않을까?

물론 가르치고자 하는 교과 내용도 중요하다. 그러나 그 이전에 배우고자 하는 아이들의 배움의 상태와 사회에 적응하고자 하는 동기나 요구 등이 함께 고려되어야 한다.

> 교육과정 결정의 3요소는 사회(적응, 요구), 학습자(개인과 집단), 교과(학문)이다. 그러나 이들은 서로 동격은 아니다. 사회와 학습자는 공교육으로서 학교교육의 궁극적 목적과 목표를 규정한다. 이 목적과 목표를 잘 달성하는 데 시대적 사회적으로 가장 적합한 수단으로서 특정한 교과목이 동원되는 것이다. 교과목이 학습자와 사회를 위해 있는 것이지, 학습자와 사회가 교과목을 위해 있는 것은 아니다.[6]

잘 가르친다고 아이들이 잘 배우는 것은 아니다. 교과 목표에 매달리는 교사가 아닌, 아이들을 바라보는 선생님이 되어야 한다. 중요한 것은 교과의 목표가 아니라, 그것을 배워야 할 학습자의 사회적 배움이 되어야 한다는 것이다.

결국 교사가 전문성을 가지고 학생을 '교육한다'는 것의 의미는 단순히 '교과 내용을 가르치는 것'에 있는 것이 아니라, 내 교실에서 만나는 아이들의 상황과 그들의 사회적 적응을 고려해서 잘 배울 수 있도록 고

---

6   홍후조(2022), 『알기 쉬운 교육과정』, p. 95, 학지사

민하고 실천해야 한다는 것이라고 본다. 따라서 우리가 수업을 고민할 때, 가장 먼저 '무엇을 가르칠 것인가?'를 고민하기보다는, 그 전에 '아이들이 무엇을 배우게 해야 할까?'를 고민해야 한다. 그러자니 자연스럽게 '내가 수업 시간에 마주하고 있는 이 아이들이 누구일까?'가 가장 중요한 수업 고민의 전제가 되어야 하는 것이다. '가르침의 오만'이 아닌, '내 교실에서 나와 마주하고 있는 아이들'의 실질적이고 구체적인 배움과 관계와 공감에 대해 고민해야 하는 것이 교사가 해야 할 가장 기본적인 수업 성찰이 되어야 하는 것이다. 더 나아가 같은 아이들을 마주하고 있는 학교 공동체가 함께 이 문제에 대해 깊이 있는 고민과 성찰, 그리고 연구와 실천이 뒤따라야 할 것이다. 그것이 공교육이 사교육과 다른 점이고, 차별화되어야 하는 점이라고 믿는다.

성찰하기 2

교사가 수업을 고민할 때, 가장 먼저 고민해야 할 것은 '나와 마주하고 있는 아이들이 누구냐' 하는 것이다.

- 누가 배우는가? (배움의 주체)

- 왜 배우는가? (배움의 이유)

- 무엇을 배우는가? (배움의 내용)

2. 나와 마주하고 있는
아이들의 배움의 목적은 무엇일까?

✳

가. 고민 3. '잘 배움'의 의미가 성적 향상과 성공에만 있을까?

그렇다면 학생이 잘 배웠다는 것의 의미는 무엇일까? 내가 최근에 근무하던 학교는 신도시 지역이고, 부모들이 사회적으로 어느 정도 성공한 사람들이 많은 곳이었다. 이런 곳은 교육에 대한 관심, 특히 사교육에 대한 관심 또한 높다. 그 사교육은 흔히 속성교육을 위한 선행학습을 위주로 한다. 그러다 보니, 학교에서 수업을 하다가 보면 곧잘 이런 일이 발생하곤 한다. 고등학교 2학년 문학을 가르칠 때의 일이다.

황순원의 소설인 〈나무들 비탈에 서다〉를 가르칠 때였습니다. 가르쳐야 할 성취기준은 '작품을 주체적으로 읽고 비판적으로 감상할 수 있다'였습니다. 그래서 일단 읽기 전 활동으로, 아이들에게 제목이 가지는 비유의 의미를 상상하여 말하여 보라고 하였습니다. 학생들이 글을 읽기 전에 제목을 가지고 내용을 예측해 보기를 바라는 마음이었지요. 시간은 한 30분 정도 예상했고, 그 시간에 아이들은 제목을 통해 내용을 마음껏 상상하기를 기대하였습니다. 그런데 얼마 지나지 않아 몇몇 학생이 손을 번쩍 듭니다. 그중에 A학생을 지목하였더니, 무척 당당한 표정으로 자신감이 넘치는 목소리로 말하더군요.

"선생님, 그것은요. 6·25전쟁 때 전쟁터에 끌려간 젊은이들의 인간성이 파괴되고 상실된 것을 의미합니다."

수업의 마지막 단계인 읽기 후 활동에서나 나와야 할 정답이 글을 읽기도 전에 나온 것입니다. 30분을 예상한 수업이 5분도 안 되어서 끝나 버린 것이지요. 학원에서 이미 '선행학습'이란 걸 했던 겁니다. 이 학생은 시험을 보면, 항상 1등급을 놓치지 않는 학생이었습니다.

반면 B학생은 읽기 활동 때 이렇게 말합니다. "선생님, 저의 아버지가요. 술만 드시면 아버지의 할아버지 이야기를 하시는데요. 6·25전쟁 때 폭격으로 돌아가셨데요. 그런데요. 지금 이 소설을 읽어 보니까, 그 아버지의 할아버지 이야기가 생각이 나서, 너무 슬퍼요." 이 학생은 시험을 보면, 6등급을 넘기지 못하더군요.

이 지점에서 우리는 합리적 의심을 해 볼 필요가 생긴다. A학생과 B학생 중 누가 더 잘 배운 것일까? 일반적으로 결과를 정확하게 판단하는 A학생이 더 잘 배웠다고 생각한다. 그래서 A학생에게 높은 성적을 주고, 그 성적에 합당한 보상인 사회적 성공의 가능성을 주어야 한다고들 말한다. 반면에 B학생의 경우 과정을 즐기고 태도나 가치 등에 대해 이야기하고 있지만, 이를 수치상으로 보여줄 방법이 없기에 잘 배웠다고 말하기가 어렵다고

들 한다. 과연 A학생에 비해, B학생은 못 배운 것일까? 그렇지 않다고 본다. '작품을 주체적으로 읽고 비판적으로 감상한' B학생이 더 교육과정의 성취기준에 다가가 있는 것이다. 그러나 결과 평가에 익숙한 우리는 과정을 탐구하고 이해하고 감상하는 것에 대해 제대로 평가하는 시스템을 갖추고 있지 않다. 최근 과정 중심 평가나 성장 중심 평가에 대해 구호처럼 이야기하고 있지만, 이 역시 현실적으로 변별을 해야 하기에 결국은 결과 중심의 평가로 귀결되어지는 경우가 허다하다.

> 한 고등학생이 내게 어떻게 하면 국어 공부를 잘 할 수 있냐고 물어 보았다.
> 그래서 내가 다시 되물었다.
> "너, 국어 공부를 잘 하고 싶은 것이냐? 아니면, 국어 성적을 잘 올려야 하는 것이냐?"
> "엄마한테 혼났어요. 국어 성적이 나쁘다고요."
> 나는 그에게 아주 단호하게 충고를 해 주었다.
> "국어 공부 한다고 감상하지 마, 분석도 하지 마, 그냥 외워, 외우는 것보다 더 좋은 것은 그냥 시험문제 반복해서 풀어 보는 거야!"

앞의 이야기는 모 학원에서 입시교육을 하고 있는 대학 동기가 우리나라의 결과 중심의 평가에 대해 이야기 하며 털어놓은 자조적인 경험담이다. 승자독식의 시대에서 살아남으려면 성적이 좋아야 한다. 그래서 우리 학생들은 시험에 나오는 것만 공부하는 경향이 강하다. 한편으로는 시험 성적의 공정성에 대해서 민감하게 반응하게 된다. 공정성의 확보를 위해서 가장 쉬운 방법은 변별하기 좋은 명확한 숫자로 표현하는 것이고, 그 숫자로 표현하기 좋은 결과 위주의 지식을 평가를 하는 것이다. 누구도 이 의제기하지 못하도록 숫자로 한 줄을 세우고 그 서열에 따라 보상체계를 유지해야 하는 것이다. 보상을 잘 받기 위해서는 그 숫자로 된 성적이 좋아야 한다. 그 성적 쟁취를 위해서 모든 노력을 기울여야만 하는 것이 결코 무시할 수 없는 현실적 배움의 목적인 되어 버린 것이다.

이런 현실적 배움의 목적이 강한 나라의 예[7]로 인도와 중국을 들 수 있다. 인도에는 3천 년 넘게 카스트 제도가 있었다. 현재는 공식적으로는 사라졌지만 인도에서의 '신분'은 모든 것을 다르게 만든다. 자신이 속한 신분을 뛰어넘는 유일한 방법은 공부이고, 이것은 시험을 통해 높은 점수를 얻는 것으로만 가능했다. 그들은 높은 점수를 위해 수단과 방법을 가리지 않는다. 인도 바하르 주의 고교 졸업시험(BSED matrix)에서 학부모들이 시험장에 사다리 등을 타고 올라가 커닝 페이퍼를 전달하다가 떨어져 죽기도 하는 모습을 TV에서 보면서 안타까워했던 기억이 있다. 그럴 정도로 그들은 높은 성적 획득으로 인한 성공이 너무나도 간절했던 것이다.

중국에는 '가오카오'라는 대입 시험이 있다. 이 시험도 학생들에게 신분 상승의 좋은 기회가 된다. 고3학생들의 일상은 몇 가지 단어로 설명할 수 있다. '식사, 암기, 모의고사, 잠깐의 휴식, 반복….' 우등반의 학생들은 다른 반의 학생들보다 경쟁이 더 치열하다. 그만큼 혜택도 주어지고 있다. '가오카오'를 보기 전, 출정식을 하는 교사와 학생들의 모습은 전쟁터에

---

7   EBS 다큐프라임 〈시험은 어떻게 우리를 지배 하는가〉(2017 .03. 27)에서 인용함

나가는 병사들의 비장한 모습처럼 보인다. 그런데 우리나라도 인도나 중국의 입시 열풍과 크게 다르지 않아 보인다.

> 고3 담임을 할 때였습니다. 어느 날, 우리 반 학생 몇몇이 찾아와서 점심시간에 도서관에서 공부하려고 하였는데 자리가 부족하다고 하면서, 교실을 이용할 수 있게 해달라고 요청해 왔습니다. 그 말이 옳다고 생각하여, 우리 반은 모두 점심은 3교시가 끝나고 먹고, 점심시간에는 교실에서 자습을 할 수 있도록 하였습니다.

고3 담임을 하던 40대 초반에 결정했던 일이다. 미래의 성공을 위해서 건강 등 다른 가치는 유보되어도 좋다는 생각이었다. 어른이 된 후 그 아이들의 장 건강은 괜찮은 것일까? 그 시절 맛있는 밥과 함께 친구들과의 수다에서 배워야 했던 공감과 소통은 의미가 없었던 것일까? 좋은 성적을 얻기 위해서 다른 모든 가치는 유보해야 한다는 이러한 생각은 결코 바람직한 것이 아니었다.

모두가 한 가지 잣대로만 평가하고, 평가 결과로 한 줄로 세우는 것은 공정한 것이 아니다. "모든 이가 다 천재다. 그렇지만 나무를 오르는 능력으로만 물고기를 판단한다면 그 물고기는 끝까지 자신을 멍청하다고 생각하며 살아갈 것"이라고 한 아인슈타인의 말을 소재로 그린 유명한 카툰을 보면 그것을 잘 알 수 있다.

'똑같은 시간에 똑같은 문제 유형으로 똑같이 시험을 보는 것'이 공정하다고 생각하는 이 시험에서 누가 1등을 차지할까? 나무 오르기를 태생적으로 잘하는 원숭이일 것 같지만, 잘 보면 이미 나무 위에 올라가 있는

[그림 2-4] 공정한 선발을 위한 똑같은 시험

돼지가 1등이다. 이 돼지는 누구일까? 한국적인 상황으로 이해해 보면, 이 돼지는 '부모 찬스, 심지어 조부모 찬스로 이어지는 혜택'으로 어려서부터 사교육의 힘을 빌려 시험 유형 공부만 한 학생이다. 당연히 시험에서 좋은 성적을 받을 수밖에 없을 것이다. 과연 이 돼지가 잘 배운 것일까? 이는 마치 우리가 운전면허 시험을 볼 때, 문제집 한 권을 사서 답만 달달 외우고 시험을 보는 것과 크게 다르지 않을 것이다. 그런데 우리는 이것을 공정하다고 착각하고 있는 것은 아닐까?

시험 성적을 높이기 위해 오로지 시험에 나올 문제만 공부하는 경향이 심한 곳은 대체로 대도시 지역, 그리고 대체로 부자들이 모여 사는 곳이다. 그들의 부를 이용하여, 사교육에 의한 '시험문제 유형 풀이식 학습'과 남보다 앞서 가기 위한 '선행학습'이 성행하기 마련이다. 이런 모습이 가장 잘 나타나고 있는 지역이 있다. [그림 2-5]는 우리나라의 교육 1번지로 알려진 곳의 S대학 입학 성적을 그래프로 나타낸 것이다.

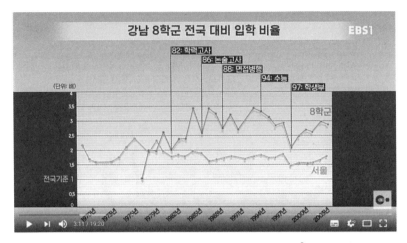

[그림 2-5] 서울 강남 지역의 S대 연도별 입학 비율[8]

이 지역의 학생들은 왜 이렇게 S대학을 타 지역에 비해 잘 보내는 것일까? 정말 공부를 열심히 해서, 그 능력을 인정해야 하고, 거기에 걸맞은 보상을 해 주는 것이 타당한 것일까? 이 그래프를 보면, 입시 유형이 바뀔 때마다 이 지역의 S대학 입학률은 떨어지는 것을 볼 수 있다. 그런데 그 다음 해부터 다시 입학률이 높아지고 있다. 시험 유형 풀이식 공부를 하고 있는 것이다. 공부하는 장소는 학교가 아닐 것이다. 학원과 과외 등의 사교육이 그 기능을 대부분 담당하고 있는 것이다. 떠도는 이야기에 의하면, 이 지역의 학생들은 초등학교 3~4학년부터 '시험문제 유형 풀이식 선행학습'을 시작한다는 것이다.

---

8   EBS 다큐프라임 〈시험은 어떻게 우리를 지배 하는가〉(2017 .03. 27)에서 인용함.

과연 이것을 잘 배웠다고 인정할 수 있을까? 능력대로 대접받는 사회라고는 하지만 그 능력조차도 사실은 부모의 재산이나 타고난 환경이 반영된 것이어서 착각을 일으키는 것은 아닐까?[9]

시 한 편을 제시문으로 주고, '위 시에 대한 내용으로 적절하지 않은 것은?', '교내 축제에서 위의 시를 원작으로 한 연극을 공연하기 위해 토의한 내용으로 적절하지 않은 것은?'을 물은 모의고사 국어 문제에서 학생들의 70%가 정답을 맞혔다고 한다. 그런데 정작 시의 원작자에게 이 문제를 풀게 하였더니, 두 문제 다 틀렸다. 정답률 60%라는 2015년 수능 영어 문제를 원어민 열한 명에게 풀게 하였더니, 다 틀린 외국인도 다섯 명이나 나왔다. 프랑스 명문 고3 학생들에게 한국 일반고 고1 수학 시험 문제를 풀게 하였더니 낙제점을 받은 학생들이 수두룩하였다.[10] 이러한 현상은 왜 일어날까? 과연 이러한 시험 문제들이 공정하고 타당한 것일까?

모 오디션 프로그램의 심사위원인 박 모 씨는 가수를 뽑는 채점 기준으로 '공기 반 소리 반'을 주관적으로 내세워서 사람들에게 신선한 충격을 준 적이 있다. 가수가 되기 위해서는 표준화되고 수치화될 수 없는 재능이 있다고 믿는 것이다. 그리고 그것은 각자의 개성이고 진정성이라고 생각하는 것 같다. 그런데 과연 이러한 채점 기준이 우리 교육 현장에서는 허용될 수 있을까? 공정하고 객관적이며 신뢰가 있는 시험 기준을 만들기 위해서 우리는 다음과 같이 채점 기준을 바꾸어야만 할 것이다.

---

9   마이클 센델 지음 함규진 역(2021), 『공정하다는 착각』, 와이즈베리
10 KBS 〈명견만리〉(2016.05.17)에서 인용함.

"음정 하나 틀릴 때마다 −1점, 박자 하나 틀릴 때마다 −1점, 시간 초과 하면 아웃이야."

앞의 기준을 준거삼으면 진짜 노래를 잘 부를 수 있을까? 과연 오늘날 K-POP의 가수들을 길러낼 수 있을까?

공정성에는 결과의 공정성만 있는 것이 아니다. 거기에는 출발과 과정의 공정성도 포함되어야 한다. 또한 공정성 이전에 '배울 것을 제대로 배운 것인가?' 라는 교육적 타당성에 대해 생각해 보아야 한다. 교사들의 잘 배움에 대한 보다 진지한 고민과 성찰이 필요한 지점이다.

성찰하기 3

잘 배움의 의미가 현실적으로 능력을 향상시켜서 성공하는 데 있는 것을 부정할 수는 없다. 공정하고 변별력이 있는 시험을 통한 성공의 사다리로서의 학교의 역할에 대해서도 무시할 수는 없다. 그러나 공교육에서 오로지 시험 성적만을 높이기 위해 유형풀이 형태의 공부를 하고 한 줄 세우기를 할 때, 그것이 학생의 성장을 위해 배울 것을 제대로 배운 것인지에 대해서 다시금 되돌아보는 고민과 성찰의 시간이 필요하다.

나. 고민 4. 잘 배움의 의미를 성장으로 확장할 수 있을까?

공정하다고 잘 배운 것은 결코 아니다. 교육에서는 공정성보다는 타당성이 더 중요하다. 즉 잘 배웠는지를 측정하는 것 자체가 아닌, 배워야 할 것을 제대로 배웠는지를 검토하는 것이 더 필요한 것이다.

OECD는 잘 배운 것의 의미인 역량을 [표 2−1]과 같이 말하고 있다.[11]

성장은 지식에 국한된 것이 아니다. 우리는 오로지 공정성이라는 함정에 빠져 '도구를 상호작용에 이용하기'만 가르치고, 그것만 평가하여 변별하고 있지 않나 의심해 보아야 한다. 결국 '지식을 잘 받아 적는 아이들'만 성공하고, 다수의 아이들은 낙오자가 되는 배움과는 거리가 먼 단순히 변별하는 수단으로서의 가르침과 평가만 존재하는 것은 아닌지 고

[표 2-1] 역량의 의미

실제로 잘 배운 것(역량)	
도구를 상호작용에 이용하기	A. 언어, 상징, 텍스트를 상호작용적으로 이용하기 B. 지식이나 정보를 상호작용적으로 이용하기 C. 기술을 상호작용적으로 이용하기
이질적인 사람들로 구성된 집단에서 상호간에 서로 관계 맺기	A. 타자와 좋은 관계 구축하기 B. 팀을 조직하여 협동하며 일하기 C. 대립을 조정하고 해결하기
자율적으로 행동하기	A. 큰 전망 속에서 행동하기 B. 인생 계획이나 개인적 프로젝트를 설계하고 실행하기 C. 권리, 이해, 한계, 니즈를 옹호하고 주장하기

---

11 OECD 교육 보고서(2005) 중에서 인용함.

민해 보아야 하는 것이다. '도구 이용'을 위한 '지식 습득'을 넘어서서 '상호 협력'이나 '자율적 행동'으로까지 나아가야 한다는 사실을 잊어서는 안 된다. 그것이 교육의 타당성이다. OECD는 더 나아가 '학습 나침판 2030'[12]에서 역량을 지식(Knowledge), 기술(Skills), 태도와 가치(Attitudes and Values)로 구분하고 이를 조화롭게 습득하는 능동적 주체로서 학생을 강조하고 있다. 우리나라의 2022 개정교육과정 시안의 내용 체계[13]도, '지식과 이해', '과정과 기능', 그리고 '가치와 태도'로 범주를 나누고 있는 이유도 여기에 있다고 볼 수 있다.

제2차 세계대전 이전의 독일 교육은 주입식 국민교육제도와 경쟁을 통해 탁월한 학생들을 길러야 한다고 생각했다. 지금의 우리나라 교육제도의 원조이자 일제식 수업의 모델이 되는 국가였다. 그런데 그런 교육행태는 우월주의를 내세운 전쟁이라는 괴물을 만들어 냈고, 결국 세계를 비탄에 빠트렸다. 역사적 반성이 뒤따랐고, 과감하게 타당성을 고민한 교육제도로 전환하였다. 그리고 아이들이 1년 동안 더하기와 뺄셈만 배우도록 하여 누구도 주눅이 들지 않도록 하는 기다림의 교육제도를 완성하였다. 선행학습을 하지 않아도 되도록 하였다. 1등 다툼이 아닌 다 함께 사는 법을 가르치도록 하였다.

---

12 OECD 교육 2030 : "미래 교육과 역량(OECD Education 2030: The Future of Education and Skills) 프로젝트"에서 발췌함.
13 노은희 외(2022), 『2022 개정 국어과 교육과정 시안 개발 연구』, 한국교육과정평가원.

안데르센 동화에 나오는 덴마크의 학교들은 한결같이 무섭고 부정적인 이미지로 그려져 있다. 그만큼 200여 년 전 덴마크는 강제 주입식교육이 보편적인 나라였다. 그런데 더 이상 버려야 할 아이들이 있어서는 안 된다고 판단했을 때, '아이들을 살리는 공부'의 필요성에 국민들이 공감하고 합의하였다. 그래서 극심한 경쟁을 유도하는 시험과 암기 학습을 폐지하였다. 그들의 교육적 타당성에 대한 패러다임을 요약해 보면 다음과 같다.[14]

1. 학생 이전에 인간이다. 공부 이전에 관계가 중요하다. 교사와 학생 사이에 인간적인 관계 형성이 중요하다.

2. 학생을 경쟁의 노예로 만들지 않는다. 좋은 경쟁을 유도한다. 나쁜 경쟁이 나만을 위한 것이라면 좋은 경쟁은 나와 우리 모두를 위한 것이다.

3. 상위 10%에 들지 않아도 괜찮다. 뒤처진 학생들도 끝까지 챙긴다. 학생 모두에게 크고 작은 성취감을 안겨주면서 주눅이 들지 않게 한다.

4. 시험을 위한 수업이 아니라 '삶을 위한 수업'을 지향한다. 실생활과 연관된 수업을 한다. 호기심이 최고의 교과서다. 교과서를 버리고 학생들의 질문에 더 주목해야 한다.

5. 학교는 민주주의를 가르치는 곳이 아니다. 민주주의를 실천하는 삶의 현장이 되어야 한다. 학교 운영에 대한 학생들의 참여가 보장되어야 한다.

14　마르쿠스 베른센 지음, 오연호 역(2020), 『삶을 위한 수업』, 오마이북

핀란드 교육개혁은 세계적으로 유명하다. 그들은 경쟁 대신 협력과 공생을 선택하였다. 전 국가교육청장 에르끼 아호는 핀란드 교육이 지향하는 타당성에 대해 다음과 같이 말하고 있다.[15]

> 경쟁은 경쟁을 낳아 결국 유치원생까지 경쟁의 소용돌이에 말려 들게 될 것이라는 사실을 국민들에게 설득시켰다. 학교는 좋은 시민이 되기 위한 교양을 쌓는 과정이다. 그리고 경쟁은 좋은 시민이 된 다음의 일이다. 그래서 우리는 학교에서 경쟁을 금지시켰다. 교육은 차이를 넓히는 것이 아니라, 좁히는 도구가 되어야 한다.

우리나라의 교실에서 '경쟁'을 없애면 아이들은 과연 의미 있게 공부할까? 중간이든 기말이든 시험이 끝나고 성적만 나오면, 더 이상 진도를 나갈 수 없는 우리 교실의 현실을 고민해 보아야 할 것이다. 특히 '교육은 차이를 넓히는 것이 아니라, 좁히는 도구가 되어야 한다'는 말을 잘 생각해 보아야 한다. 사교육의 본질은 차이를 넓히는 것이겠지만, 공교육만큼은 '차이를 좁히는 도구'로 사용되어야 하지 않을까?

그런데 누군가는 사교육과 공교육을 경쟁시키고 있다. 그러면서 사교육에 비해 공교육은 '학습지체' 현상이 있다고 학교와 교사들을 압박하고 있기도 하다. 사교육과 경쟁하려면, 사교육처럼 '유형 풀이 중심의 수업', '시험에 나오는 것만 가르치는 수업', '인성 교육, 계기 교육, 창체(창의적

---

15   에르끼 아호 지음, 김선희 옮김(2010), 『핀란드 교육개혁 보고서』, 한울림

체험활동) 같은 잠재적 교육과정이 존재하지 않는 수업'만을 해야 할 것이다. 그런데 이것이 진정한 공교육의 의미이고, 학교가 존재하는 의미일까? 정말 학교가 필요하고, 학교가 아니면 배울 곳이 없는 학생들에 대한 배려가 공교육에서는 필요하지 않을까 하는 생각이 든다. 그리고 진정으로 잘 배웠다는 것의 의미가 결과적 지식만을 습득하여 좋은 성적을 받는 것이 아니라, 핀란드의 예처럼 '좋은 시민이 되기 위한 교양 쌓기의 과정'까지 확장해야 한다고 생각한다.

우리나라도 이에 대한 거대 담론은 가지고 있다. 2021년 4월에 교육부에서 발표한 "미래교육 인재상"을 보면, 주도성과 책임감, 배려와 포용, 문제해결과 융합, 창의와 혁신을 내세우고 있다. 또한 2022 개정 교육과정 시안(2022년 8월 현재)을 보면, 미래사회가 요구하는 역량으로 포용성과 창의성을 갖춘 주도적인 사람으로 성장해야 한다고 강조하고 있는 것이다.

이처럼 성장 중심 교육과정을 타당성으로 삼고 있는 나라들의 경우를 보거나, 우리나라의 거대 담론으로서 교육과정이나 교육목표 등을 살펴볼 때, 공교육은 '성적 향상을 통한 성공'이라는 현실적인 목적을 넘어서 보다 바람직한 방향을 모색하고 있음을 알 수 있다. 그것은 다름 아닌 학생의 '진정한 교육적 성장'일 것이다. 존 듀이는 이미 백여 년 전에 "교육은 그 자체 이외의 다른 목적을 가지지 않는다. 학교 교육의 가치를 판단하는 기준은 그것이 계속적인 성장에의 열의를 얼마나 일으키는가, 그리고 그 열의를 실천에 옮기는 수단을 얼마나 제공하는가에 있다"[16]고 역설하고 있음을 다시 한번 깊이 새겨 보아야 할 것이다.

그렇다면 교육적 성장을 어떻게 정리해 볼 수 있을까? 교육의 타당성을 찾아가는 나라들의 예를 살펴보거나, 우리나라 교육과정의 거대 담론 등을 살펴보았을 때, 크게 세 가지로 생각해 본다.

첫째. '스스로 살기'를 교실에서 경험하고, 그것을 가치와 태도로 지니는 것

둘째. '더불어 살기'를 교실에서 경험하고, 그것을 가치와 태도로 지니는 것

셋째. 경험과 가치와 태도를 인증 받는 과정과 결과가 타당한 것

물론 현실적으로 능력을 향상시켜서 좋은 성적을 얻게 하고, 그 결과로 성공의 가능성을 높이는 것을 버리기는 불가능하다. 그렇더라도 최소한 내 교실에서 단 10%라도 학생들이 '스스로 살기'와 '더불어 살기'를 경험하고 배울 수 있도록 고민해 보고 실천해 보는 노력을 해 보았으면 한다. 아울러 교사들의 담론도 '어떻게 하면 성적을 올릴까?'라는 입시 담론과 공정성의 함정에서 벗어났으면 좋겠다. '어떻게 하면 성장을 시킬까?'라는 성장 담론까지 확장하여 이어가기를 바란다.

그러한 교육적 성장을 위해서 필요한 것은 '기다림'일 것이다. 결과를 재촉하지 않고 과정을 잘 지켜주어서 학생들이 잘 성장할 수 있도록 도와주는 것이 진정한 교사의 자세가 아닐까 생각한다. 하늘에 뜬 반달을 보고 "너는 왜 보름달이 아니냐?"라고 질책만 하고, 50점이라는 점수로 결과를 판정한다면 그는 결국 반달로만 살아가야 한다는 것임을 잊지 않아야 한

---

16 존 듀이 지음, 이홍우 옮김(2007). 『민주주의와 교육』, 교육과학사

다. 이제는 보름달로 커가는 반달들의 성장 과정을 잘 지켜주고 기다려 주고 격려해 주어야 하지 않을까.

아무도
반달을 사랑하지 않는다면
반달이 보름달이 될 수 있겠는가
보름달이 반달이 되지 않는다면
사람은 그 얼마나 오만한 것인가[17]

성찰하기 4

'배워야 할 무엇'은 성공을 넘어서 학생의 교육적 성장까지 닿아야 한다. 현실적으로 어렵고, 때로는 두렵지만, 성적과 입시 너머에 있는 성장까지 바라보아야 한다.

---

17   정호승의 시 〈반달〉에서 인용함.

3. 교육적 성장과 교육과정은 어떤 관계가 있을까?

✳

가. 고민 5. 학생들은 어떻게 교육적으로 성장하는 것일까?

입체주의(cubism)의 창시자인 피카소를 우리는 천재라고 부른다. 이미 20대에 현대 회화의 첫걸음이라 일컫는 〈아비뇽의 아가씨〉와 그의 대표작인 〈게르니카〉를 완성하였기 때문이다. 그러나 그가 유년기나 청소년기에 어떤 그림을 그렸는가를 보면, 그가 절대 갑자기 톡 튀어나온 천재가 아니라는 사실을 곧 깨닫게 된다. 어린 시절에는 어린아이다운 그림을 그렸고, 그 후 기초적인 데생 과정을 거쳐 사실화를 그리다가 자신만의 추상화로 발전해 갔다. 발명왕 에디슨은 학창 시절 항상 학급에서 꼴찌만 도맡았기 때문에, 담임 선생님에게 "넌 정말 멍텅구리구나"라는 조롱을 받았다는 일화도 잘 알려진 이야기이다. 이러한 피카소나 에디슨의 성장 과정을 보면서, 우리는 한 아이가 교육적으로 성장한다는 것은 세 가지의 요소가 필요하다는 것을 알게 된다. 그 하나는 '개인적 특성에 따른 성장'이고, 하나는 '긴 시간(축적의 시간)'이고 또 다른 하나는 '배움의 단계와 절차(교육과정)'이다. 한 아이가 성장하려면, 각각의 특성을 고려해야 하고, 그 특성에 따라 긴 시간 동안 단계와 절차를 거쳐야 한다는 뜻이다. 그리고 그것을 지지하고 격려하고 기다려 주어야 한다는 것이다. 그런데, 그것을 단지 하나의 탁월성에만 맞추어 놓고 속도 경쟁을 시키게 되면, 아이들은 결코 바람직하게 성장할 수 없다.

> 개인의 재능, 지능, 성격, 창의성 등등은 개인마다 들쭉날쭉하기에, 특정 목표를 위한 여정 역시도 똑같은 결과에 이르는 길이 여러 갈래이며, 그 길은 저마다 동등한 가치를 갖고 있는 것이다. 따라서 어떤 한 사람이 배울 수 있는 것은 속도의 조절을 허용한다면 대다수 사람들도 배울 수 있다. 발달에는 사다리는 없는 것이고, 우리 각자가 저마다 발달의 그물망을 가지고 있다고 볼 수 있다.[18]

그런데 우리나라의 피카소나 에디슨들은 어떤 처지에 있을까? 만약 아홉 살의 아이가 피카소처럼 아이다운 기초적인 그림만 그리고 있다면, 부모들은 "애야, 옆집 아이는 〈게르니카〉를 그리는데, 너는 왜 이 모양이냐? 빨리 가야지" 하면서 초조해하고 조급해 할 것이다. 항상 남보다 앞서는 결과(성적)를 가지고 가야 하기에, 절차와 단계와 시간과 개인적 차이를 무시하고 무조건 빨리 가서 탁월한 결과를 내놓아야 한다고 생각하고 있

---

18 토드 로즈 지음, 정미나 옮김(2020). 『평균의 종말』. p. 126. 185. 193, 21세기북스

[표 2-2] 피아제와 에릭슨의 아동 발달 단계 모형

피아제	감각운동기 → 전조작기	구체적 조작기	형식적 조작기
	자극 → 반응, 타율적 도덕성, 비가역성 사고	경험적 사고, 자율적 도덕성, 가역적 사고	추상적 사고, 가설과 연역적 추론, 타인과의 협력

에릭슨	아동기	청소년기	성인초기
	내가 그것을 잘 할 수 있을까? 근면성 vs 열등감 가족	나는 누구인가? 정체성 vs 혼란 이웃, 학교	나는 사랑할 수 있는가? 친밀감 vs 고밀감 친구, 애인

는 것은 아닌지, 그래서 경쟁적으로 선행학습이 유행할 수밖에 없는 것은 아닌지 반성해 보아야 한다. 우리 교실에서 수많은 에디슨들이, 단지 탁월함은 보이지 않고 느리다는 이유만으로 학습부진아나 문제아 또는 게으름뱅이 등으로 평가받고 있지는 않은지 되돌아보아야 한다.

한 아이가 성장하기 위해서는 개인적 특성에 따른 단계와 절차가 필요하다. 이는 교육학 시간에 수없이 들었던, 피아제와 에릭슨의 발달 단계 모형 등을 통해서도 이미 잘 알고 있는 내용이기도 하다.

학교도 이러한 발달 단계에 맞추어서 설립되고 연계되어 있다. 그 학교 안에서 아이들은 배움이라는 긴 여정을 거친다. 아이들은 조금씩 배우고 한 뼘씩 한 뼘씩 성장하여 어른이 되는 것이다.

[표 2-3] 학교의 단계에 따른 교육 내용의 변화[19]

단계	기초교육	이해교육	창의성교육
교육 내용	지식의 전달	개념의 이해	창조
방법	엄격한 규율, 반복적 훈련	의문의 유발 논리적 전개	자유분방, 학습자 주도
교수학습	강의, 훈련	협동, 발표, 토의	발표, 토의
성공 여부	항상 가능	잘하면 가능	불확실

[표 2-3]을 보면, 학교 교육은 '기초지식(세상의 현상과 이치)'을 배우고, 그것을 바탕으로 '개념(세상의 의미)'을 이해하며, 나아가 '창의성(스스로 살기와 더불어 살기의 경험)'의 발현이라는 단계로 구성되어 있다. 우리나라의 경우 초등학교 → 중학교 → 고등학교를 거치며 국민공통교육과정을 배우는 10년이 이러한 단계로 편성되어 있는 것이다.

기초교육으로서 '지식'을 가르쳐야 한다는 것은 자명한 것이다. 현실적으로는 지식만 강조되고 있기도 하지만, 또 다른 누군가는 '이 시기에 지식은 필요 없다. 역량을 키워야 한다'라고 강변하기도 한다. 둘 다 잘못된 것이다. 이 '지식'은 단순히 외워야 하는 정답이 아니다. 그것은 아이들이 살아갈 세상의 모습이고 현상이고 이치인 것이다. 당연히 아이들은 지식

---

19   한국교원대학교 권재술 교수의 강의 PPT를 재인용함.

을 배워야 한다. 그 지식을 바탕으로 세상을 이해하고 더 나아가 자신의 역량으로 발전시켜야 하는 것이다. 그냥 '지식'도 아니고, 그냥 '역량'이 되어서도 안 된다. '지식 기반 역량'이라 말하고, 그것을 강조해야 한다고 생각한다.

　단순하게 학교 급으로 연계해 보면, 초등학교에서 배운 '기초학습'을 바탕으로 중학교에서는 '이해학습'으로 고등학교에서는 '창의성 학습'으로 이어지는 것이 자연스러울 것이다. 여기서 창의성이란 결코 기발한 착상이나 에디슨 유의 발명가적 사고를 의미하는 것은 아니다. 앞에서 언급하였듯이 그것은 '스스로 살기'와 '더불어 살기'에 대한 탐색이고 가능성의 실천이 되어야 한다고 본다. 그리하면, 자신만의 삶의 방식을 탐색하는 선택의 과정−고교학점제 등으로 들어설 수 있을 것이다.

　그러나 안타깝게도 우리 교육 현장은 '유보 교육'적 성격을 가지고 있다. 대학 입시가 가까워질수록 '성적 올리기'와 관련이 없는 것은 유보해야 한다는 생각인 것이다. 이러한 입장에서 보면 초등학교는 아직 여유가 많다. 시험도 보지 않는다. 그러다 보니, 창의성 교육이라는 명분 아래, 혹 기초와는 관계가 없는 '활동만 넘치는 수업', '인지적 재미와는 거리가 먼 도구적 재미가 가득한 수업'을 위주로 하고 있지 않을까 고민해 보아야 한다.

　중학교에서도 이와 크게 다르지 않다. 모 중학교 선생님이 이런 이야기를 한 것을 들은 적이 있다.

　"고등학교 가면 입시 공부하느라 못 하지요. 중학교니까 마음 놓고 하지요. 그래서 모둠학습, 프로젝트학습, 놀이학습 등을 합니다."

　고등학교 가서는 해서는 안 될 것을 중학교에서는 왜 마음 놓고 할 수 있는 것인가? 자칫 이런 생각은 아이들은 그 시기에 배워야 할 기초적인 학습을 놓칠 수도 있다. 결국 그 아이들이 고등학교에 진학하게 되고, 그 때부터는 입시교육에 매달리게 되는 것이다. 그런데 일부는 아주 일찍부터 사교육에서 '대학 입시'와 상관성이 높은 문제 풀이식 선행 학습에 매달리고 있다. 초등학교 6학년 학생이 벌써 고 1학년 수학 문제를 접하고 있다는 이야기가 자주 들린다. 그것을 우리는 영재성이나 탁월함이라는 잘못된 관념으로 받아들이기도 한다.

고등학교는 대학입시와 직접적으로 닿아 있다. 특히 고 3 교실은 그렇다. 그러다 보니, 고 3 교실은 입시공부와 관련이 없는 것들에 대해서는 대단히 배타적이다. 그리고 우리 학생들은 교실에 늘 쭈그려 앉아서 '외우기, 풀기' 등의 지식 공부에만 매달리고 있다. 이런 관점에서 보면 우리 학교들은 어쩌면 학생의 교육적 성장과는 거리가 먼 '성장과 반대되는 교육과정'을 하고 있는 것은 아닐까. 그리고는 이렇게 말하곤 한다.

"대학만 가면 돼!"

대학만 가면 아이들은 신데렐라처럼 어른으로 변신하는 것일까? 대학만 가면 아이들은 갑자기 큰 어른으로 성장할 수 있는 것일까? 그 아이들은 그저 나이 한 살만 더 먹는 것에 불과한 것인데, 우리는 그 아이의 한 뼘 한 뼘 모아가는 성장을 막고 있는 것은 아닌지 다시금 고민하고 또 고민해 보아야 하는 것이다.

이런 고민을 하다 보면, 우리는 교실에서 '잘 알아듣지 못하고 말도 조리 있게 하지 못하는' 아이들을 발견할 수 있다. 이런 아이들이 '말하고 − 듣기'를 제대로 배우지 못한 이유가 무엇일까? [표 2−4]는 국어과 2015 개정

[표 2-4] 2015 국어과 교육과정 말하기-듣기 영역 내용 체계표

초등 1~2학년	초등 3~4학년	초등 5~6학년	중 1~3학년	고등 1학년
인사말, 감정 표현, **자신 있게** **말하기,** 집중하며 듣기	대화의 즐거움, 회의, **표정 몸짓** **말투,** 요약하며 듣기	**토의, 토론** **(절차, 규칙),** **발표,** 공감하며 듣기	**면담, 토의** **(문제해결),** 발표(내용구성), 비판하며 듣기	**토론** **(논증구성),** 협상, 의사소통 과정 의 점검과 조정, 담화관습 성찰

교육과정 '말하기−듣기' 영역의 내용 체계표 중 일부[20]를 확인해 본 것이다.

초등학교 1~2학년에서 중요시하는 것은 '자신 있게 말하기'이다. 한 아이가 엄마 품에서 편안한 사적인 대화를 하다가 학교에 와서 공식적인 말하기를 하려고 하니, 얼마나 두렵겠는가? 발표를 하면서 망설이고 떠듬거리며 힘들게 이야기를 할 것이다 그때 아이에게 '지지와 격려'를 해 주라는 의미인 것이다. 즉 일종의 주눅 들지 않도록 돕는 교육과정이라 할 수 있다. 이는 독일 등의 나라에서 덧셈과 뺄셈을 배우는 데만 1년이라는 시간을 투자하는 것과도 같은 배려인 것이다. 그런데 우리 교실에서는 어디선가 의기양양하게 손드는 아이가 있다.

"선생님, 제가 발표할게요."

이 아이의 발표를 들어 보면 참으로 똑 부러진다.

"제 생각은 이렇습니다. 첫째~, 둘째~, 셋째~"

---

20   교육부(2015). 2015 개정 국어과 교육과정 교육부 고시 제 2015-74호.

그리고는 의기양양하게 자리에 앉는다. 이 아이는 어디서 배웠을까? 학교 오기 전 학원 같은 곳에서 선행학습을 한 것이다. 그런데 정작 문제는 이 아이가 아니다. 이미 앞에서 힘들게 발표하고 앉아 있는 아이이다. 그 아이는 이 순간 주눅이 들 수밖에 없고, 자신감 역시 사라지게 될 것이고, 그 아이 역시 선행학습에 매달리게 되는지도 모른다. 그런데 선행학습을 하지 않는 아이라면? 학교의 교육과정에만 의지하는 아이라면? 여기에서 공교육의 딜레마가 생기게 되는 것이다. 선생님의 입장에서도 참으로 곤란해진다. 이미 내 교실의 아이들의 학습 진도 차이가 너무 넓게 벌어져 있는 것이다. 어디에 초점을 맞추어야 할지 혼란스러워진다. 그런데 밖에서는 자꾸만 학교 교육의 '학습지체'를 지적하고 빨리 나갈 것을 강요한다.

초등학교 3~4학년 때는 '표정, 몸짓, 말투', 즉 반(反)언어적 표현이나 비언어적 표현의 사용에 대해 실제로 연습하도록 되어 있다. 그런데 이 역시 실제로 하는 것이 쉽지 않다. 긴 시간을 들여 수업시간에 연습을 시키는 것보다는, 그냥 밑줄 치게 하여 외우게 하고 시험 보는 것이 더 실용적이고 효율적이라고 생각하기 때문이다.

다음 중 비언어적 표현으로 가장 적절하지 않은 것은?
①표정   ②몸짓   ③말투…

그리고 이를 맞춘 학생이 잘 배운 것이라고 높은 성적을 준다. 그러면, 이 학생은 '말하고-듣는 것'을 정말 잘 배운 것일까? 잘 배우도록 하려면 실제로 교실에서 표정, 몸짓, 말투에 대한 상황을 주고 해 볼 수 있도록 연습시켜 주어야 할 것이다. 그런데 이것은 실제 성적과는 크게 관련이 없다. 그래서 시험과 아이들은 성적과 관련된 지식만 배우게 되는 것이다.

[표 2-4]에 의하면, 토의나 토론은 초등학교 5~6학년 때부터 시작하도록 되어 있다. 중학교에서는 문제 해결을 위한 토의를, 고1(10학년)에 가서야 논증 구성을 통한 토론에 도달하도록 구성되어 있다.

그런데 고1 학생들 모두를 대상으로 토론을 해 보라고 하면, 대부분의 아이들이 너무 어려워한다. 그래서 자주 화를 낸다.

"너희들, 도대체 초·중학교에서 무엇을 배우고 왔니?"

그래도 그들의 대답은 한결같다.

"안 배웠는데요?"

우리는 이 말의 진정성 여부를 고민해 보아야 한다. 대부분의 아이들은 10년 동안 차근차근히 순서대로 토론하는 법에 대하여 배우지 못했을지도 모르기 때문이다. 단지 탁월한 몇몇의 아이들의 탁월성에 기대어서 초등학교 때도 토론 대회, 중학교 때도 토론 대회, 고등학교 때도 토론 대회…. 대부분의 아이들은 구경만 하고 박수치고, 상 받는 것 구경하고 부러워하면서 박수치고…. 그렇게 10년을 배우지 못하고 지내왔는지도 모른다.

얼마 전 모 중학교 역사 공개 수업을 본 적이 있다. '역사적 가치'에 대해서 토론하는 수업을 보았는데, 1시간 동안 여섯 명의 학생이 토론 내용을 발표했다. 모두가 모둠 내의 리더(이끔이라고 부른다)들이었고, 그들의 언변은 탁월했다. 그런데 그 주장 속에는 인용되는 근거가 별로 없다. 즉 '역사적 사실'도 없이 '역사적 가치'만 그럴 듯하게 말하고 있는 것이다. 더심각한 것은 여섯 명을 제외한 이십여 명의 학생들은 그 이야기를 듣고(구경하고) 박수치는 것 이상 하지 않고 있다는 것이다.

구경한 것과 실제로 배운 것은 전혀 다른 것이다. 오로지 탁월한 학생들의 선행된 모습만 내세우는 성과 중심, 결과 중심의 수업이 교육과정의 본래의 의미를 훼손하고 있지 않은가 생각해 보아야 한다. 한 아이가 교육적으로 성장한다는 것은, 성장 단계에 맞게 실제로 경험하고 반복하고 심화해야 하는 어쩌면 지루한 시간적 기다림일지 모른다. 그런데 우리는 지나치게 빨리 가고 있는 것은 아닐까?

'지체 현상'을 이야기할 것이 아니라, 너무 빨리 나가는 것을 걱정해야 한다. 그 빠름 때문에 더 많은 아이들이 결국 '학업 실패'에 이르지 않았는지 되돌아보아야 한다. 우리 교실에는 배움이 느린 아이들이 많은 것이 아니다. 그들을 기다려 주고 지켜주는 시간의 확보가 필요하다.

성찰하기 5

한 아이가 교육적으로 성장한다는 것은, 결과적 탁월함이 아니라 긴 시간과 그 시간에 알맞은 과정과 절차에 따라 한 뼘씩 자라는 것을 의미한다. 그 의미를 이해하고 '기다려 주고', '지켜주는' 마음가짐이 필요하다.

나. 고민 6. 교육과정을 왜 읽어야 할까?

교육과정은 그냥 단순한 문서가 아니다. 위의 예에서 살펴보았듯이, 교

[표 2-5] 2015 국어과 교육과정에 나타난 목표의 연계

초 1~2학년	취학 전의 국어 경험을 발전시켜 일상생활과 학습에 필요한 기초 문식성(Literacy, 적어도 하나의 방법으로 읽기, 쓰기, 해석하기 등의 능력을 사용함으로 보편적으로 이해하는 것)을 갖추고, 말과 글(또는 책)에 흥미를 가진다.
초 3~4학년	생활 중심의 친숙한 국어 활동을 바탕으로 하여 **일상생활과 학습에 필요한 기본적인 국어 능력**을 갖추고, 적극적이고 능동적인 의사소통 태도를 생활화한다.
초 5~6학년	공동체·문화 중심의 확장된 국어 활동을 바탕으로 하여 **일상생활과 학습에 필요한 국어 교과의 기초적인 지식과 역량**을 갖추고, 국어의 가치와 국어 능력의 중요성을 인식한다.
중 1~3학년	**목적, 맥락, 주제, 유형 등을 고려한 다양한 국어 활동을 바탕으로 하여 국어 교과의 기본 지식과 교과 역량**을 갖추고, 자신의 국어 활동과 공동체의 국어문화를 비판적으로 성찰하고 개선하는 태도를 기른다.
고 1학년	**다양하고 심층적인 국어 활동을 바탕으로 하여 통합적인 국어 역량**을 갖추고, 국어 활동의 개선과 바람직한 국어문화 형성에 이바지한다.

과적 내용과 사회적 요구, 그리고 학생의 상황을 잘 고려하여 오랜 기간 연구한 끝에 만들어 낸 문서이다. 이 절차와 단계를 잘 따라서 하면 아이들은 성장할 것이라는 전제를 바탕으로 교육적 가능성을 체계적으로 정리해 놓은 문서이다. 2015 국어과 개정교육과정의 목표를 보면, 이러한 종적인 연계를 염두에 두고 교육과정이 편성되었음을 잘 알 수 있다.

그런데 교사들은 교육과정 자체에는 관심이 부족하다. 직접 읽거나 고민하는 것이 일반화되어 있지 못하다. 교육과정 자체보다는, 그것을 다시

재구성한 교과서나 참고서나 지도서에 의존하는 경우가 많다. 이럴 경우, 교육과정 자체가 담고 있는 '성장의 단계나 절차나 연계성'을 놓치게 될 가능성도 높아진다.

이제 교사의 책꽂이에 교육과정 문서부터 놓아야 한다. 교과서, 지도서, 참고서를 잠시 옆으로 밀어 내고, 그 한가운데 자신이 가르쳐야 할 교육과 정 책을 꽂아 놓는 것부터 시작해야 한다. 그리고 자주 읽어야 한다. 이제 교사는 교과서나 지도서나 참고서를 넘어서서 교육과정에 직접 다가가는 노력을 기울여야 한다. 그래야 학생들이 교육적으로 어떻게 성장하는지 에 대해 그 흐름을 파악하고, 내가 어떤 교육과정을 어떻게 해야 하는지 를 원리적으로 이해할 수가 있다.

그렇다면 교육과정을 어떻게 읽는 것이 바람직할까?

자신이 중학교 사회를 가르친다고, 중학교 사회 교육과정만 읽는다면 별로 의미가 없다고 본다. 앞에서 이야기했듯이, 아이들의 교육적 성장을 위한 단계와 절차, 즉 교육과정의 위계와 연계를 잘 아는 것이 중요하다. 따라서 교육과정을 읽을 때의 기본자세는 처음부터 끝까지 읽는 것이다. 우선 내 과목 교육과정을 1학년부터 10학년까지 순서대로 읽어 보자. 그 리고 11학년과 12학년의 선택과목까지 순서대로 읽어 볼 수 있다면 가장 이상적일 것이다. 이렇게 처음부터 끝까지 교육과정 읽기를 하면 다음과 같은 효과가 있다.

첫째, 내가 만나는 아이가 만나는 아이가 어떤 교육과정을 거쳐 왔는지, 내가 어떤 교육과정을 해야 하는지, 나를 지나가면 어떤 교육과정을 배우 게 되는지를 흐름을 잡게 된다. 따라서 교육과정상 교사인 나의 역할과 쓰 임에 대해 판단하고 실행할 수 있는 것이다. 뚜벅뚜벅 교육과정을 밟아 가는 아이의 입장에서 보면, 교사인 나는 결코 1의 존재가 아니다. 이 아이가 교육과정상에서 만나는 N분의 1인 교사인 것이다. 그 사실을 분명히 인식하면 자신의 교육과정상의 역할을 충실히 실천하게 될 가능성이 높아지는 것이다.

둘째, 어떤 학생이 교육과정을 제대로 밟고 오지 못하고 구멍이 생겼을 경우, 그것을 어떻게 메꾸어 주어야 하는 지를 고민할 수도 있을 것이다. 물론 여기에는 더 많은 수고가 수반될 것이다.

셋째, 탁월성 교육을 위해 애써 교육과정의 단계를 뛰어넘어 힘들게 가르치는 일을 하지 않아도 된다. 학교에는 배움이 느린 아이들이 많은 것이 아니라, 교사가 너무 빨리 나가고 있지 않은가를 성찰해 볼 수 있는 것이다.

이제 내 교실의 아이들의 교육적 성장을 고민하는 교사라면, 교육과정 읽기부터 시작하자. 처음부터 끝까지 읽어서 그 흐름을 파악하는 것부터 시작하자. 그것이 '나와 마주하고 있는 아이들'에 대해 배려하고 사랑하는 첫 번째 단서가 될 것이고, 교사의 전문성을 확보하는 계기가 될 것이다.

성찰하기 6

교사는 아이들이 성장단계에 맞는 긴 호흡의 교육과정을 처음부터 끝까지 읽어야 한다. 그리고 그것의 쓰임과 나의 역할을 고민해야 한다.

그리고 특정 부분의 학업 결손을 메울 수도 있고, 앞으로 배울 내용을 굳이 가르치지 않아도 될 것이다.

III

내 교실로 가져가기 위한
교육과정을 어떻게 디자인할까?

1. 교사가 교육과정을 왜 써야 하는가?

＊

　흔히 교육과정이라고 말할 때, 국가가 의도적으로 만든 국가 교육과정을 우선 이야기들 한다. 그런데 교육과정에는 [표 3-1]과 같이 여러 단계의 다양한 수준이 존재한다.

　국가교육과정은 목표 중심으로 의도된 교육과정이다. 이것의 최종 목적지는 교실의 아이들이고, 그들의 경험이다. 당연히 교실로 가져가기 위해 구체화하는 절차들이 필요한데, 그것은 '지역 수준 → 학교 수준 → 교

[표 3-1] 교육과정의 단계별 수준

국가 수준	지역 수준	학교 수준	교사 수준	학생 수준
의도된 교육과정 (이론)		의도된 교육과정 (이론+실천)	실행된 교육과정 (실천)	학습 성과로서의 교육과정 (경험)

사 수준'으로 진행하게 된다. 이때 가장 중요한 교육과정은 교사 수준의 교육과정일 것이다. 그 이유는 자명하다. 교실에서 학생들이 경험하지 못하는 교육과정은 존재 의미가 없는 것이고, 그 교육과정을 교실에서 구현하는 당사자가 바로 교사이기 때문이다. 국가가 교육과정을 만들었지만, 그것을 학생에게 맞게 다시 만드는 작업을 하는 것이 교사의 몫이라는 것이다. 교사가 교육과정 구현의 주체가 되어야 한다는 것이다. 2015 개정 교육과정 총론은 이 점에 대해 분명히 밝히고 있다.

> 교사의 역할이 종래와 같이 교육과정 실행자 및 사용자, 교수자로만 한정되
> 지 않고 교육과정에 대한 의사 결정자로도 확대되었다. 말하자면 교육과정
> 의 최종적 실천자인 교사가 바로 교육과정의 최종 결정자이고 개발자로 자
> 리매김된 것이다.

또한 각 지역교육청 교육과정에도 이를 보다 구체화하여 표현하고 있는데, 2022 경기도 교육과정에서는 교사교육과정에 대해 다음과 같이 밝히고 있다.

> 교사는 국가, 지역, 학교 수준 교육과정을 공동체성에 기반하여 적극적으로
> 해석하고, 학생 개개인의 성장 발달을 촉진하도록 교사교육과정을 편성 운
> 영한다.

이처럼 교사는 주어진 교육과정을 그대로 전달하는 존재가 아니라, 내 교실로 가져가기 위해 만들어 가는 교육과정의 주체가 되어야 한다.

[그림 3-1] 교육과정과 관련된 교사 존재의 의미

이제 교사는 교육과정과 관련하여 다음과 같은 존재가 되어야 한다고
생각한다.

첫째, 주어진 교육과정(방향성)과 내 교실(현장성)의 차이를 가장 잘 이해하는 존재

둘째, 국가의 목표중심 교육과정을 내 아이들을 위한 성장 중심 교육과정으로 재해
석하는 존재

셋째, 국가교육과정을 읽고 분석하여 충실-변형-개발의 사이에서 늘 고민하는 존재

교사들은 이러한 세 가지의 존재적 고민을 통해 교육과정을 다시 디자
인하고 실행하게 된다. 그리고 필연적으로 학생들이 잘 배우고 경험하는
지를 피드백 받게 된다. 그 피드백을 받은 교사는 다시 자신의 교육과정
(이것을 앞으로는 교사교육과정이라 일컫는다.)을 보다 최적화하려는 노력을 하게
될 것이다.

이런 고민과 실천들이 있어야 현장에 가장 적합한 교육과정이 학생들

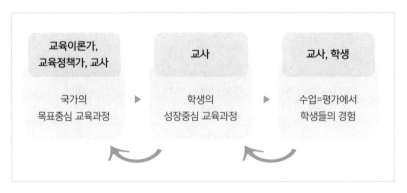

[그림 3-2] 바람직한 교육과정의 선순환 과정

의 배움으로 계속 이어질 수 있다. 최종적으로 그러한 교사교육과정들이 보다 넓게 공유되는 과정에서 국가교육과정을 다시금 수정하는 기본 자료가 되어야 할 것이다. 일방적으로 주어진 것을 따라하는 교육과정이 아니라, 학생의 배움과 경험으로 재구성된 교육과정으로 구현되고 다시 피드백으로 돌아와, 다시 교사에 의해 수정되고 공유되고 공동화되어 가는 선순환적 교육과정이 되어야 하는 것이다.

그런데 아쉽게도 우리는 아직 이러한 선순환적 교육과정을 경험한 적이 거의 없다. 단지, 교육과정 전문가그룹인 교수들이 중심이 되어 국가교육과정을 만들고, 그것에 따라 교과서 편찬이 되고, 그 교과서 내용을 다시 지도서와 참고서와 문제지에 담고, 교사들은 그것을 충실하게 교실로 가지고 가는 탑다운 방식의 교육과정이 일반적이었다.

사실 교육과정 전문가그룹인 교수들은 교실의 현장을 교사들만큼 알수가 없다. 그러다 보니, 교육과정이 지나치게 목표 중심이거나 교과 내용

중심이거나 학문 중심의 교육과정이 될 수도 있다. 반면 교사들은 교실의 현장을 잘 파악하고 있으나, 교육과정에 대한 이해가 부족하다. 교육과정의 이론과 실천이 연결되지 못하고 서로 평행선으로 달리고 있는 이유가 여기에 있다고 본다.

다행스럽게도 최근에 교사들이 교육과정을 만들고 실행하는 과정에 많이 참여를 하고 있다. '한 학기 한 권 읽기'가 그 좋은 예라 할 수 있다. 이는 그동안 교과서의 짧고 단편적인 텍스트들이 가지고 있는 배움의 한계를 극복하고자 하는 일선 교사들의 고민을 담고 있다. 그 고민은 교사들의 교육과정을 변형한 실천과 공유로 이어졌고, 최종적으로 국가교육과정인 2015 개정 교육과정에 반영되는 선순환을 이루었던 것이다. 이러한 교사들에 의해 의미 있게 변형된 교육과정들이 좀 더 모이고, 좀 더 확산되어서 현장 중심의 국가교육과정에 반영되는 사례들이 앞으로도 많이 나오기를 기대한다.

우리나라에도 이미 훌륭한 교사들의 교사교육과정들은 존재해 왔다. 그런데 그 훌륭한 교육과정들이 확산되지 않고 한 개인의 교육과정으로만 애쓰다가 결국은 사라져 버리는 안타까움을 많이 목격하였다. 그러다 보니, 또 다른 많은 교사들이 처음부터 다시 시작해야 하는 악순환에 있기도 하다, 그런데 누군가는 계속 외국의 교사들이 이룩한 교사교육과정의 성과만을 가지고 와서 이식시키려고만 한다. 이제 우리 교사들이 애써 만든 교육과정들도 소중히 여겨야 한다. 그리고 공유되고 확산되고 공동화되는 선순환으로 재활용되고 발전되어야 한다. 그런 의미에서 현재의 교사들도 교육과정 쓰기에 대한 노력이 멈추지 않기를 간절히 바란다.

그러면, 교사가 교육과정을 쓸 때의 원칙은 무엇일까? 다음과 같은 네 가지 원칙을 제시해 본다.

첫째, 교사의 교육과정 전문성과 자율성을 기반으로 해야 한다.

둘째, '임의대로'나 '제멋대로'가 아닌 공동체성을 출발점으로 삼는다. 이때의 공동체성이란 국가교육과정을 읽는 것과 밀접한 관련이 있어야 한다. 또 하나의 공동체성은 당연히 '우리와 마주하고 있는 아이들'이 같은 학교 공동체의 고민과 실천이라고 할 수 있다.

셋째, '내 교실이 아이들'(학생들의 삶과 경험)에게 초점이 맞추어져야 한다.

넷째, 교사 자신의 교육적 의도와 철학이 담겨야 한다.

다시 강조하지만, 교사에게 필요한 것은 주어진 교육과정을 있는 그대로 따르는 모범성과 정형성이 아니다. 오히려 무한한 교육과정 상상력이 요구된다. 떳떳하고 자신있게 교사의 교육과정 상상력이 펼쳐질 때, 내 교실의 아이들은 행복한 마음으로 한 뼘씩 더 자랄 것이다. 그리고 우리는 상상할 수 없는 더 큰 상상력으로 세상을 경험하고 자신의 삶을 개척할 수 있지 않을까.

2. 어떤 단계로 교육과정을 쓸 수 있을까?

✳

가장 첫 단계로 '우리가 함께 마주하고 있는 아이들'이 있는 같은 학교 교사들끼리 학교 교육과정부터 함께 고민하고 공유하여야 한다. 그리고 이렇게 만들어진 학교 교육과정을 바탕으로 각 교과의 교육과정을 연계시키는 작업이 필요하다고 본다. [표 3-2]는 교직생활을 하면서 이리 저리

[표 3-2] 교육과정 세우기의 단계

1단계 (학교 철학 세우기)	1	전년도 교육활동 성찰하기
	2	학교 교육과정 검토하기
	3	**학교 비전 세우기**
2단계 (학교 교육활동 만들기)	5	교육 목표, 교육 중점 활동 구체화하기
	6	학년별 교육과정 만들기
3단계 (교과 교육과정 재구성하기)	7	교과 교육과정 재구성하기
	8	**교사 교육과정 실천하기**

시도해 보았던 경험을 바탕으로 구성해 본 교육과정 세우기의 단계이다.

1단계 '학교 철학 세우기'에서는 '학교 비전 세우기'를 중요시하였다. 이런 비전이나 교육목표 등을 학교의 교장이나 일부 부장교사의 머리에서 나오는 경우도 허다하다. 이것은 그냥 전시용의 구호일 뿐이다. 비록 유치하거나 무의미한 단어들의 나열이라 하더라도 함께 고민하고 함께 제작하는 과정에서 공동체로서의 인식과 실천 의지가 강해진다는 점을 생각해야 한다. 학교 비전은 공동체의 철학을 담을 수 있는 좋은 도구이기 때문이다. 학교 비전을 만든 과정에서 학교 공동체의 구성원들은 '우리는 어떤 가치로 어떤 교육활동을 전개해야 할지'를 구체적이고 실천적으로 함께 고민하게 되는 것이다.

학생들이나 학부모도 함께 참여하면 좋겠다고 생각하였지만, 이는 현실적으로 어려움이 많아서 포기하였다. 대신 매년 2월 교사 공동체가 새롭게 결정이 되면, 모두가 모여서 함께 토론 형식으로 '비전 세우기'를 긴 시간 동안 진행하였다. 2020년 2월에 진행한 '학교 비전 세우기'는 다음의 세 가지 질문으로 시작하였다.

첫째, 우리와 마주하고 있는 아이들이 누구인가?
둘째, 이 아이들이 어떻게 성장하기를 우리는 바라는가?
셋째, 그 성장을 위해 우리가 실천할 수 있는 것은 무엇인가?

[표 3-3] 2020년 학교 비전 세우기 사례

우리와 마주하고 있는 아이들이 누구인가?	이 아이들이 어떻게 성장하기를 바라는가?	모두가 함께 실천할 수 있는 것은 무엇인가?
다양한 요구 자존감이 낮음 소극적임 미래에 대한 불안감 국영수 과목의 편차가 심함	'스스로 살기'와 '더불어 살기'를 교실에서 경험시켜 민주시민으로 자라기를 바람. 자신의 꿈을 실현하기 위해 스스로 도전하는 마음	수업이 행복하고 즐겁게 구성, 협력과 소통의 수업, 소수가 아닌, 다수 학생을 위한 교육과정 중심의 수업

   이러한 분석의 내용을 가장 잘 담고 있다고 생각하는 단어를 각 모둠 별로 만들어 본 후, 다시 이를 전체 토의를 통해서 3~5개의 단어로 압축하고, 이를 바탕으로 하나의 문장으로 기술하였다.

   - 다름을 존중하고 꿈을 찾아 도전하는 지혜로운 공동체

   이제 이 하나의 문장이 학교 내 모든 교육활동의 기본 정신이 되도록 만드는 것이 중요하다. 이 비전을 바탕으로 학년별로 교육목표를 다시 세우고 그것에 따라 우리가 할 수 있는 교육활동을 주제와 활동 내용으로 정리하는 작업을 거쳤다[표3-4].

[표 3-4] 2020년 비전에 따른 교육 목표와 교육활동 디자인하기 사례

비전	주된 학년	비전에 따른 교육목표	교육목표에 따른 교육활동 (주제-활동 내용)
다름을 존중하고	1	다름을 인정하여 존중하는 마음 가지기	1.길잡이 별을 만나다 – 길잡이 별을 설정한 후 '나 성찰하기-너 이해하기-함께 표현하기'프로젝트 수업 실시 (이하 생략)
꿈을 찾아 도전하는	2	꿈 달성을 위해 한 뼘 더 성장하기	루틴으로 자기 주도하기 –매일 하고 싶은 운동, 공부 등을 스스로 정하여 루틴을 만들고 5주간 실시하기 (이하 생략)
지혜로운 공동체	3	스스로 살기와 더불어 살기를 생활 속에서 실천하기	사제(師弟) 동행 독서하기 – 학생들이 분야별로 독서하고, 담당 교사와 함께 독서토론하기→발표회 (이하 생략)

이와 같이 하면, 학교 비전이 그저 보기 좋은 구호가 아니라, 실질적인 학교 교육과정의 실천까지로 이어질 수 있는 것이다.

이제 이것을 각 과목별 수업으로 연결시키는 작업을 하였다. 학교 비전을 바탕으로 다시 각 교과나 교사의 수업 비전으로 확대시키는 것이다. 학교 공동체의 비전과 교사 각 개인의 비전을 서로 연결시키는 것이다. 수업 비전 역시 세 가지의 질문을 던지고 여기에 답하는 형식으로 만들었다.

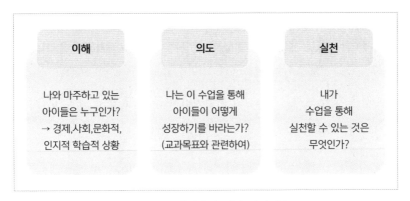

이해	의도	실천
나와 마주하고 있는 아이들은 누구인가? → 경제,사회,문화적, 인지적 학습적 상황	나는 이 수업을 통해 아이들이 어떻게 성장하기를 바라는가? (교과목표와 관련하여)	내가 수업을 통해 실천할 수 있는 것은 무엇인가?

[그림 3-3] 수업 비전 세우기의 3가지 질문

이렇게 각 교과 선생님들이 실제로 만든 수업 비전들을 들여다보면, 교사들이 학교 비전과 관련하여, 자신의 교실 수업에 대해 어떤 철학과 의도를 담으려고 하는지를 잘 알 수가 있다.

- 깊고 자유롭게 표현하고 나와 너를 수용하는 국어 수업
- 친구들과 함께 탐구하고, 문제를 풀지 않고도 이야기해 볼 수 있는 수학 수업
- 따듯한 시선으로 인간과 세상을 바라보는 학생을 만드는 역사 시간
- 소통과 협력을 통해 자신을 표현하는 수업으로 화학과 친해지기

이렇게 만든 학교 비전과 수업 비전은 학생들과도 공유해야 한다. 오리엔테이션 시간에 이에 대해 설명해 줄 필요도 있고, 수업 인사로 활용하거나 활동지 등에 반복적으로 표현해 주어도 좋을 듯 싶다. 그래야 그들이 최종적으로 이러한 학교 활동과 수업 활동의 의미를 이해하고 참여할 수 있을 거라고 기대하는 것이다.

'학교 비전 만들기 → 학교 비전에 따른 교육목표 세우기 → 교육목표에 따른 교육활동 세우기 → 수업비전 만들기' 과정을 거쳤다면, 이제 구체적인 교과교육과정을 디자인하는 것이 가능할 것이다. 이러한 교과교육과정은 결국 교사교육과정의 핵심이라고 볼 수 있으며, 교육과정의 실천자로서 교사의 전문적이고 자율적인 교육활동이라 볼 수 있다.

3. 교과 교육과정을 어떻게 쓸까?

✳

가. 교과서를 활용하여 성취기준 가르치기

교사의 교육과정 쓰기의 핵심은 목표 중심의 국가교육과정(방향성)을 '내 교실의 아이들'의 성장 중심 교육과정(현장성)으로 재해석하고 재구성하는 작업을 하는 것이다. 그 방법에는 '충실'과 '변형'과 '개발'이 있다고 앞서 이야기한 바 있다.

충실하다는 것은, 목표 중심의 국가교육과정을 '내 교실의 아이들'이 그대로 잘 받아들일 수 있다고 판단하는 경우일 것이다. 이럴 경우에는 크게 신경 쓸 일이 없다. 그저 국가교육과정에 충실하게 만든 교과서를 진도대로 그대로 따라가는 것이 가장 좋은 방법이고, 편안한 방법이 될 것이다. 그런데 과연 국가교육과정을 100% 따라갈 수 있는 아이들이 내 교실에 얼마나 있을까?

교과서를 그대로 따라 하는 것은 결코 바람직한 방법이 아니다. 그것은 '내 교실의 아이들'이 아닌 '불특정 다수'를 염두에 두고 만들었기 때문이다. 즉 다른 모두에게는 맞지만, 정작 내 교실의 아이들에게는 맞지 않는 것이다. 모두에게 맞추기 위해서 모든 교과서는 또 다시 목표 중심일 수밖에 없다. 결국 국가교육과정의 의도를 그대로 담게 되고, 그것에 충실하려는 집필진의 판단과 의도와 경험이 투영될 수밖에 없다. 그러다 보니, 자연스럽게 내용 텍스트의 양도 많아지게 된다. 그것을 내 교실로 가져가서 내가 그대로 쓸 수는 없다.

그런데도 우리는 교과서를 가지고 진도를 나가야 한다는 강박관념을 오래 전부터 가지고 있다. 교과서 회사가 만들어 준 자습서와 프레젠테이션 자료와 문제 은행을 그대로 교실로 가지고 간다. 소위 '똑딱이 교사'[21]라는 자조적인 용어가 여기서 나오는 것이다. 그리고 교과서의 처음부터 끝까지 진도를 다 나가야 한다고 생각한다. 그것은 기적에 가깝다. 우리나라의 어떤 교과서도 첫 페이지부터 끝 페이지까지 남김없이 나갈 수 있도록 만들어진 것은 없기 때문이다. 그 기적을 달성하는 교사들이 놀랍다. 더욱 놀라운 것은 그 기적을 교실의 모든 아이들이 어떤 방식으로든 경험한다는 것이다. 소위 '진도 폭격'이고 '진도 폭력'이라는 말이 나오는 이유가 여기에 있다.

내 교실의 아이들은 그 교실에 들어가는 교사가 가장 잘 안다. 따라서 교사는 교육과정이나 교과서에 대한 재해석과 변형의 힘을 발휘하여야

---

21 교과서 회사가 제공한 프레젠테이션 자료를 교실에서 올려놓고 마우스만 똑딱똑딱한다고 해서 붙여진 이름이다.

한다. 내 교실의 아이들이 잘 배울 수 있도록 하려면, 어떻게 변형해야 하는지를 고민해야 하는 것이다.

가장 소극적인 변형은 교과서 자체를 재구성하는 것이다. 교과서에 나와 있는 내용과 텍스트의 순서를 바꾸거나 간추리거나 일부를 빼거나 일부를 교과서 외에서 가지고 오는 것 등을 하는 것이다. 그러나 이것도 교과서가 가지고 있는 목표 상향식 구조에서 벗어나기 힘들다. 이 역시 교사는 자습서, 지도서, 참고서의 내용을 추려내서 베끼거나 요약하여 전달하는 것에 의존할 수 밖에 없기 때문이다.

교사는 과감하게 교과서를 수업하는 것에서 벗어나야 한다. 교과서를 벗어나 교과서 출간 이전의 교육과정 자체를 재해석하고 변형해야 한다. '교과서 가르치기'에서 벗어나, '교과서를 활용한 교육과정 가르치기'를 시도해 보아야 한다. 교과서를 가장 많이 활용해야 할 것은 교사가 아니다. 학생들에게 교과서를 돌려주어야 한다. 이것이 교사교육과정의 기본

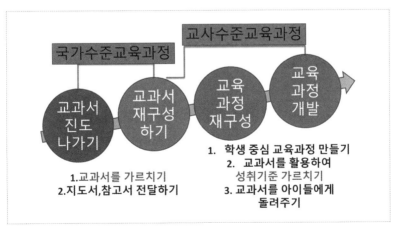

[그림 3-4] 교사교육과정에서의 재구성의 의미

적 태도이다.

그렇다면 교사교육과정에서 교육과정을 재구성의 주된 소재는 무엇일까? 그것은 성취기준이다. 성취기준이란 '학생들이 교과를 통해 배워야 할 내용과 수업 후 알 수 있거나 할 수 있기를 기대하는 능력을 결합하여 나타낸 수업 활동의 기준'이다. 이를 통해 학생이 '지식기반 역량' 즉, '앎이 삶이 되도록 하는 경험'에 도달할 수 있도록 설계되어 있는 문장이다.

교육과정 중심의 수업을 한다는 것은, 성취기준 중심의 수업을 한다는 것과 같은 뜻이다. 교과서 중심의 텍스트 수업을 성취기준 중심의 수업으로 바꾸어야 한다는 것이다.

그렇다면 교과서의 내용이나 텍스트 중심의 수업에서 교육과정의 성취기준 중심의 수업으로 바꾸면 무엇이 어떻게 달라질까?

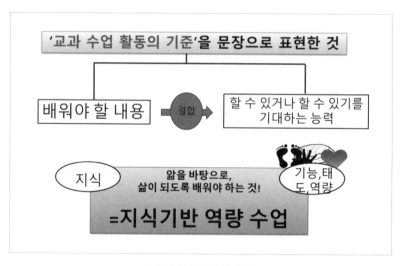

[그림 3-5] 성취기준의 의미

문학 교과서에 나와 있는 햄릿을 가르칠 때였다. 이를 교과서 중심의 수업으로 할 때는, 지도서에 나와 있는 대로 작가, 줄거리, 구성, 인물의 갈등, 주제, 표현법 등 백화점 식으로 많은 내용을 언급해 줄 수밖에 없었다. 그러다 보니 단편적이고 분석적이며 초점이 없이 수많은 지식 내용만 나열하게 되었다. 시간도 많이 걸리고 집중력도 떨어지는 수업을 할 수밖에 없었다. 다시 성취기준 중심의 수업으로 바꾸었다. 수업을 시작하면서 아이들에게 다음과 같이 안내한다.

> 애들아, 교과서 ~쪽부터 ~쪽까지 나와 있는 〈햄릿〉을 공부하게 될 거야. 공부해야 할 성취기준은 '작품 속 인물들이 처한 상황을 바탕으로 다양한 삶의 방식을 이해할 수 있다'야. 그러니, 작가니, 줄거리니, 주제니, 표현법이니 다 몰라도 돼. 그냥 읽고 어떤 인물들이 나오는지 한 번 동그라미 쳐 봐. 그리고 그들이 어떤 상황에 놓여 있는지 너희들끼리 이야기해봐! 그리고 문학 속에 나타난 다양한 삶의 방식에 대해 선생님과 함께 정리해 보자.

이렇게 수업을 바꾸면, 아이들은 공부해야 할 성취기준을 집중적으로 탐구하는 과정을 거칠 수 있을 것이라 판단하였다. 그런데 아이들이 햄릿이 너무 어려워서 인물들 간의 갈등을 찾기가 쉽지 않다고 하소연하는 것이 아닌가? 그래서 아이들에게 어떤 작품으로 하면 어떻겠냐고 물어 보았더니, 한 학생이 김동식의 〈회색인간〉을 가지고 하였으면 좋겠다는 의견을 내 주었다.

교과서 중심이 아닌 성취기준 중심의 수업을 하면, 교과서의 내용과 텍스트에서 얼마든지 자유로울 수 있다. 단행본을 포함한 책뿐만 아니라, 다양한 자료들을 보다 자유롭게 수업 시간에 활용할 수 있는 기회가 생기는 것이다. 그래서 〈회색인간〉을 가지고 인물들이 처한 상황을 파악하고 삶의 방식을 정리하도록 하였다. 아이들 역시 흥미롭고 집중력있게 수업에 참여하였다. 내친 김에 아이들에게 교과서에 나와 있는 〈햄릿〉도 해 보자고 제안하였더니, 아이들은 처음보다는 수월하게 이 활동을 이어 나갔다. 이와 같이 교과서 중심의 수업에서 성취기준 중심의 수업으로 바꾸면, 텍스트나 교과서 내용으로부터 자유로울 수 있고, 공부해야 할 지식이나 기능을 통합하여 집중적으로 탐구하는 것이 가능한 것이다.

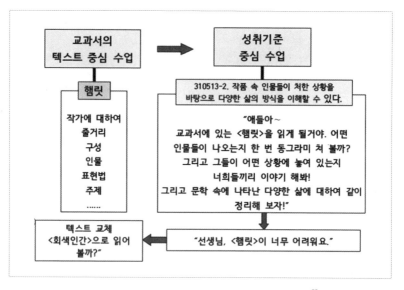

[그림 3-6] 교과서 중심 수업과 성취기준 중심 수업의 차이[22]

---

22   2009 개정 교육과정의 성취기준임.

나. 방법 1. 성취기준 분석하기

성취기준은 알아야 할 내용인 지식과 그것을 바탕으로 할 수 있거나 하기를 바라는 기능·태도·역량이 결합된 문장으로 되어 있다. 따라서 하나의 문장 속에서 이를 다시 분리해 보는 것이 필요하다. 물론, 이를 명확하게 기계적으로 구분할 수는 없다. 어떤 성취기준은 지식 위주이거나 기능 위주 때로는 태도가 주일 경우가 흔하기 때문이다. 교사 자신의 의도에 따라 주관적으로 이를 분석해 보는 작업을 해 보면 될 거라 본다. 예[23]를 들어 보면 다음과 같다.

[10수학02-01] 두 점 사이의 거리를 구할 수 있다.

지식   기능

[6사02-04] 헌법에서 규정하는 기본권과 의무가

지식

일상생활에 적용된 사례를 조사하고,

기능

권리와 의무의 조화를 추구하는 자세를 기른다.

태도

---

23   2020~2022년까지 경희대학교 교육대학원 혁신전공을 수강했던 초등, 중등 교사들의 사례를 인용함. 이하 많은 사례가 이에 해당됨.

[9영02-04] 일상생활에 관한 방법과 절차에 대해 설명할 수 있다.

지식, 기능   기능

[표3-5]는 교사들이 실제로 성취기준을 분석한 예들을 모아 본 것이다.

[표 3-5] 각 교과별 성취기준 분석 사례

성취기준	지식	기능
[9도01-01] 사람다운 삶을 살아가기 위해 도덕이 필요한 이유를 설명하고, 왜 도덕적이어야 하는지 그 근거와 이유를 제시할 수 있다.	사람이 살아가기 위해 도덕이 필요한 이유 도덕적으로 살아야 하는 근거와 이유	도덕이 필요한 이유를 설명 도덕적으로 살아야 하는 근거와 이유 제시
[6미01-05] 미술 활동에 타 교과의 내용, 방법 등을 활용할 수 있다. [6미02-03] 다양한 자료를 활용하여 아이디어와 관련된 표현 내용을 구체화할 수 있다.	• 이야기가 담긴 미술 작품의 특징을 파악할 수 있다. • 동화나 역사 이야기의 내용과 구성방법을 이해할 수 있다.	• 이야기가 담긴 미술 작품의 특징을 찾아 설명할 수 있다. • 역사 이야기의 내용과 구성방법을 활용하여 다양한 미술활동으로 나타낼 수 있다. • 작품에 활용한 이야기를 소개하고, 느낌과 생각을 이야기할 수 있다.
[9수02-11] 미지수가 두 개인 연립일차방정식을 풀 수 있고, 이를 활용하여 문제를 해결할 수 있다.	1) 미지수가 두 개인 연립방정식 해를 구하기 - 가감법 익히기 - 대입법 익히기 2) 실생활 문제를 연립방정식으로 만들기	1) 연립방정식의 해를 능숙하게 구하기 - 수학적 지식과 아이디어를 사용하여 서로 배려하고 소통하기 2) 실생활 문제를 프로젝트 수업을 통해 단계별로 제시하기 → 함수와 연결할 수 있게 x, y의 관계식을 마인드맵 만들기

이렇게 성취기준의 분석을 한 학기 단위로 해 놓으면, 지식으로 분류된 부분은 주로 지필 평가에서 다루고, 기능(태도, 역량)으로 분류된 부분은 수행평가의 평가 요소나 교과 세부능력 및 특기사항의 소재로 활용하는 방법을 손쉽게 사용해 볼 수도 있다.

다. 방법 2. 성취기준을 교실 실천용으로 구체화하기

국가수준의 성취기준은 목표 중심으로 되어 있으며, 그 진술이 대강화 되어 있거나 추상화 되어 있다. '~을 이해한다, ~을 설명한다, ~을 안다, ~을 내면화한다, ~을 성찰한다' 라고 애매하게 진술되어 있는 경우가 대다수인 것이다. 교사는 이것 자체를 가지고 교실로 갈 경우 구체적인 수업 의도를 달성할 수가 없다. 그러므로 이를 '내 교실의 아이들'이 구체적으로 배우고 경험할 수 있도록 변형하는 작업이 우선적으로 필요하다.

사실 이는 우리가 흔히 해 오던 학습 목표나 수업 목표를 명세화하는 과정과 크게 다르지 않다. 이러한 수업 목표의 명세화에 대해 Mager는 다음과 같이 주장하고 있다.[24]

첫째, 학습자의 행동으로 진술되어야 한다.

둘째, '도착점 행동'이 명시되어야 한다.

셋째, 그 도착점 행동이 일어나는 '상황 및 조건'이 밝혀져야 한다.

---

24   홍후조(2022), 『알기 쉬운 교육과정』, p. 343, 학지사

넷째, 도착점 행동이 어느 정도 숙련되어야 하는지를 밝혀 놓은 준거인 '수
락 기준'이 명시되어야 한다.

<예> 30개로 구성된 화학원소의 목록을 제시했을 때, (상황 및 조건) 학생은
최소한 25개의 원자가를 상기해서 쓸 수 있다. (수락 기준, 도착점 행동)

Gagne도 이에 대해 첫째, 학생에게 요구되는 학습능력이 무엇인가를
밝히고, 둘째, 행위 동사를 이용하며, 셋째, 필요한 조건과 상황이 제시되
고, 넷째, 무엇을 해내야 하는지 그 대상을 밝히고, 다섯째, 도구를 밝혀야
한다고 주장하면서 다음을 예로 들고 있다.[25]

배터리, 소켓, 전구, 전선 등을 제시했을 때(상황), 배터리와 소켓에 전선을 연
결하여(도구), 전구에 불이 들어오는가를 확인해 봄으로써(행동), 전기회로를
(대상) 만들 수 있다.

이렇듯 학습 목표를 명세화함으로써, 이론적이고 추상적인 국가 교육
과정의 성취기준을 실질적으로 수업에 활용할 수 있을 것이다. 그러나 학
습 목표의 설정에는 분명한 한계가 있다. 그것은 대체로 단원별 또는 차시
별로 목표를 세우다 보니, 전체적인 학습이 분절되어서 상호 연계시켜서
맥락화하는데 어려움이 있다는 것이다. 한 학기 또는 한 학년의 학습 목표
를 연결하여 스토리화 하는 작업을 하거나, 다시 이를 평가나 기록으로 연

---

25   홍후조(2022), 『알기 쉬운 교육과정』, p. 345, 학지사

결하거나 단계화하고자 하는 수업 디자인(교육과정-수업-평가-기록 일체화)을 고려할 때마다 느끼는 한계인 것이다.

아울러 지나치게 행동 동사를 사용하여 진술할 경우, 행동의 구체화가 불가능한 예술적 감성적 부분이나 창의성을 발휘해야 하는 내용, 지녀야 할 가치나 태도 또는 변화의 과정 등을 학습 목표로 명세화하기는 불가능하였다.

그런 이유로 학습 목표로 별도로 명세화하는 작업은 하지 않지 않았다. 성취기준의 진술만으로도 충분하다고 생각한 것이다. 그래서 '성취기준 자체를 가지고 구체화하고 연결하기'를 시도하였다. 이는 행동주의 행동목표가 제안된 이후, 교육과정의 기준을 제시하는 방식이 점차 성취해야 할 바를 기준으로 제시하는 흐름과도 무관하지 않다. 이에 대해 홍후조는 "성취기준이 분명하면 결국 교과 교육과정-수업-평가-기록이 일치될 가능성이 높아진다"고 말하고 있는 것이다.[26]

그렇다면 어떻게 성취기준을 분명하게 제시할 수 있을까?

일단 추상적이고 애매하며 포괄적인 내용들로 된 국가수준의 성취기준을 다음과 같은 기준으로 구체화하였다.

- 어떤 학습 상황인가?
- 어떤 도구(읽을거리, 볼거리, 학습자료 등)를 가지고 하는가?
- 어떻게 활동(읽고 쓰고 말하고 듣고 만들고 실험하고 실습하고 등)을 하고 무엇을 경험하는가?

---

26   홍후조(2022), 『알기 쉬운 교육과정』, p. 341, 학지사

- 무엇을 배우는가?

- 어떤 태도나 가치로 연결되는가?

　예를 들면, '이해한다' 라는 용어를 '~과 ~을 서로 비교하고 ~을 주제로 글을 써서 발표한다' 로 '성찰한다' 라는 용어를 '~을 읽고 자신의 경험에 비추어 되돌아보는 글을 쓰고, 친구들 앞에서 발표하여 삶의 의미를 깨닫는다' 로 보다 구체적인 용어로 바꾸어 쓰는 것이다. 이는 학생의 행동 용어로 바꾸는 것을 넘어서서 학습 상황과 도구의 활용, 학습 활동이나 태도나 가치에 대한 내면화 등 보다 다양하고 다각화된 교사의 시선으로 바라보고, 그 시선에 따라 학생들이 구체적으로 경험하고 가치와 태도를 지니도록 구체화된 진술로 바꾸는 것이다. '시를 읽고 자아를 성찰한다' 라는 성취기준을 가지고 진술한 것을 예로 들어 보자.

- 어떤 학습 상황인가?

　: 학급내에서 모둠별로

- 어떤 도구(읽을거리, 볼거리, 학습자료 등)를 가지고 무엇을 배우는가?

　: 시를 읽고 → 윤동주의 〈자화상〉을 감상하고

- 어떻게 활동(읽고 쓰고 말하고 듣고 만들고 실험하고 실습하고 등)하는가?

　: 이해하고 → 다른 작품과 비교하거나 역할을 나누어 돌아가며 설명한다.

　: 자아 성찰한다 → 자신의 경험과 비교하여 친구들에게 흥미롭게 이야기한다.

- 어떤 태도나 가치로 연결되는가?

: 삶의 의미에 대해 생각해 보고 , 이에 공감하는 표현으로 3분가량 발
표한다.

↓

<교사 수준으로 재구성한 성취기준>
학급 내에서 모둠별로 윤동주의 <자화상>을 감상하고, 다른 작품과 비교한
후 역할을 나누어 돌아가며 설명한다. 그리고 자신의 경험과 비교하여 친구
들에게 흥미롭게 이야기를 주고받은 후, 삶의 의미가 무엇인지 생각해 보고,
이에 공감하는 표현을 3분가량 발표한다.

어찌 보면 이는 학습 목표를 보다 구체화한 학습과정안 내용까지도 포
함한다고 볼 수 있다. 굳이 분절되고 도식화된 과정안을 쓸 필요성이 줄어
든다는 것을 의미한다. 수업 시간에 더 이상 학습 목표나 학습과정안을 별
도로 작성하거나 제시하지 않았다. 구체화되고 스토리화된 교사 수준의
성취기준 자체를 전체의 흐름으로 커리큘럼화하여 제시하는 것으로 대신
하였고, 수업 시간마다 그 흐름을 확인하는 활동을 자주 하였다.

이렇게 국가 수준의 성취기준을 교사수준의 성취기준으로 변형하여 제
시하는 방법은 이런 구체화만 있는 것이 아니다. 다양한 방법을 고려해 볼
수 있는데, 그 중에서 성취기준 순서 바꾸기, 압축하기와 통합하기에 대해
서는 다음 장에서 다시 자세하게 다루어 보도록 하겠다.

라. 방법 3. 교육과정-수업-평가-기록으로 일체화하기

이렇게 구체화하기 등의 방법으로 재구성한 성취기준을 평가와 기록으로 연계하는 것이 필요하다. '교육과정 따로, 수업 따로, 평가 따로, 기록 따로'가 되어서는 안 되기 때문이다. '배운 것'이 곧 '평가한 것'이 되어야 하고 그것을 기록으로 남겨야 하는 단순한 이치이다. 그런데, 우리는 종종 평가 준거를 다시 만들어 내느라 쩔쩔 매기도 하고, 학기 말이 되면 학생부 기록을 창작하느라 골머리를 썩기도 한다. 분명 잘못된 것이다.

평가의 기본은 피드백이다. 배운 것을 제대로 배웠는지 다시 묻는 것이다. 따라서 배운 것을 제대로 배웠는지를 물어 보면, 그것이 바로 평가준거가 된다는 기본적인 생각을 가져야 한다. 별도로 만들어 낼 필요가 전혀 없다. 앞에서 재구성한 성취기준을 질문으로만 바꾸어 주어도 훌륭한 평가준거가 된다는 것이다.

<재구성한 성취기준>

학급 내에서 모둠별로 윤동주의 《자화상》을 감상하고, 다른 작품과 비교한 후 의견을 나누어 놓아가며 설명한다. 그리고 자신의 경험과 비교하여 친구들에게 흥미롭게 이야기로 주고받은 후, 삶의 의미가 무엇인지 생각해 보고, 이에 공감하는 표현을 3분 가량 발표한다.

<질문으로 바꾸어 평가준거(요소) 만들기>

1. 모둠별로 윤동주의 《자화상》을 합리적으로 감상하고 있는가?

2. 윤동주의 다른 작품과 비교하여, 주어진 역할에 맞게 잘 설명하고 있는가?

게다가 기록은 평가의 다른 이름일 뿐이다. 말로 하는 평가이고, 서술되는 평가이다. 따라서 기록에는 과장이나 조작이 있을 수 없다. 당연히 수업 시간 중 학생이 활동하고 경험했던 사실을 근거로 그 활동과 경험의 성취 수준을 관찰하여 기록하면 되는 것이다. 2022년도에 나온 학생부 작성 및 관리 지침[27]에 의하면, 학생부의 교과 세부능력 및 특기 사항란에도 이 점을 분명히 밝히고 있다.

가. 세부능력 및 특기사항란은 학생 참여형 수업 및 수업과 연계된 수행평가 등에서 관찰한 내용을 입력한다.

→ 지필평가와 수행평가 결과를 토대로 과목별 성취기준에 따른 성취수준의 특성 및 참여도, 태도 등 특기할만한 사항을 구체적이고 객관적으로 입력한다.

국가 수준의 교육과정을 교사 수준의 교육과정으로 재구성하고, 이를 그대로 수업을 하고, 다시 질문으로 바꾸어 평가하고, 학생들의 활동을 관찰하여 성취 수준의 달성 여부를 기록하면 되는 것이다. 다음은 위의 예를 기록한 것이다.

---

27 교육부(2022), 학생부 작성 및 관리 지침(교육부 훈령 제 393호)

윤동주의 〈자화상〉을 읽고, 모둠 내에서 인상 깊었던 시구를 중심으로 돌아가며 이야기함. 〈서시〉와 비교하여 '윤동주 시에 나타난 부끄럼 의식'에 대해 자신의 어렸을 적 거짓말을 하였던 경험에 빗대어 그 표현법이 주는 감동에 대해 이야기 함. 그리고 정직함과 정의로움에 대해 짧은 글을 써서 학급 내에서 발표함.

이것이 바로 '교육과정-수업-평가-기록의 일체화'이다. 복잡하거나 학문적인 것이 아니라, 단순하지만 기본적인 교육적 패러다임이고, 교사의 현장 실천성을 강조한 개념이다. '교육과정-수업-평가-기록의 일체화'를 디자인하는 과정을 도식화하면 다음과 같다.

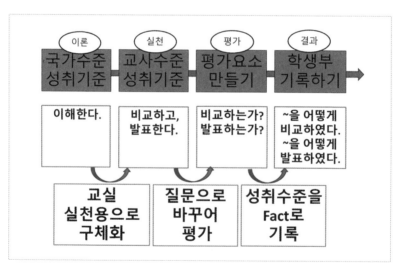

[그림 3-7] 교육과정-수업-평가-기록 일체화 디자인의 과정

[표 3-6] 각 교과별 교육과정-수업-평가 일체화 디자인 사례

과목	국가 교육과정	교사 교육과정	평가요소	기록
국어 (초4)	[4국04-05] 한 글을 소중히 여기 는 태도를 지닌 다.	글자놀이(초성 이상전달, 낱말 만들 기)를 통해 다양한 낱말을 정하고 한글 사용의 즐거움을 익힌다. 한글의 우수성을 깨닫고 한글을 소중 히 여기는 태도를 지닌다.	1. 글자놀이에 즐겁게 참여하며 낱말을 3개 이상 만들 수 있는가? 2. 한글의 우수성을 알고 한글을 소중하게 여기려는 마음을 가졌 는가?	모둠별로 글자 카드를 가 지고 두 글자 낱말을 만 들어 발표하기 높이를 통 해 25개의 낱말을 만들 고 낱말의 뜻을 설명함.
영어 (중1)	[9영02-04] 일 상생활에 관한 방 법과 절차에 대해 설명할 수 있다. [9영02-07] 주 변의 위치나 장소 에 대해 묻거나 답할 수 있다.	누군에서 길을 잃은 사람이 되어 주변 의 관광지를 찾아가는 길문을 던지고 이를 활용한 대화를 완성한 후 누군사 의 지도를 보고 길을 찾는 사람에게 길 을 찾아가는 방법을 현재 위치 기준에 서 순서대로 설명해 줄 수 있다.	1. 길, 방향을 묻는 대화문의 빈 칸을 채워 작성과 함께 소리 내어 읽을 수 있는가? 2. 길 찾기에 관련된 표현들을 이용하여 받하된 말을 듣고 설명이 가리키는 위치를 정확하게 찾아 학습지에 표시할 수 있는가? 3. 누군사의 실제 지도를 보고 장소의 이름이 삭제된 지도에 친구 의 설명을 듣고 이름을 써 넣을 수 있는가? (3개 이상의 장소) 4. 반대로 친구에게 목표 장소까지 가는 방법을 영어로 설명함 수 있는가? (2개 이상의 장소)	길 찾기에 관련된 표현들 을 학습한 후, 누군지도 를 활용하여 짝 활동으로 길을 찾아가는 대화하기 활동을 하고 발표함
미적분 (고3)	[12미적02-12] 함수의 그래프 의 개형을 그릴 수 있다.	함수의 그래프를 정확하게 그리기 위해 지금까지 배운 개념을 사용하 여 필요한 요소를 생각해보고 주어 진 함수를 극단의 미분을 이용하여 함수의 그래프를 좌표평면에 정확 하게 그려본다. 다양한 함수를 직접 만들어 그래프로 나타내어 본다.	1. 그래프를 정확하게 그리기 위해서 필요한 요소는 어떤 것 들이 있는지 설명할 수 있는가? 2. 주어진 함수의 그래프를 좌표평면에 정확하게 그려낼 수 있는가? 3. '지오지브라'로 그린 그래프와 자신이 그린 그래프가 일치 하는가?	모둠 내에서 다양한 함 수를 만들어 서로 그래 프로 나타내어 본 후, 필요 요소에 대해 돌아 가며 설명함.

'교육과정-수업-평가-기록의 일체화'를 디자인하였던 다른 예에서도 이러한 과정을 잘 살펴 볼 수 있다.

　중학교 1학년 영어의 예를 보자. 국가교육과정상의 성취기준은 '일상생활에 관한 방법과 절차에 대한 설명'과 '주변의 위치나 장소에 대해 묻고 답하기'이다. 이를 '뉴욕 여행을 갔을 때, 관광지의 위치를 묻고 답하는 대화로 만든 후, 길 찾기 지도 만들기'로 재구성하였다. 그리고 그것을 그대로 질문으로 바꾸어서 '대화문을 읽는가?', '지도에 위치를 표현할 수 있는가?', '지도에 이름을 써 놓을 수 있는가?', '다시 영어로 길 찾기를 안내할 수 있는가?'의 평가요소를 만든 것이다. 끝으로 학생의 수업 시간 중 활동과 평가를 관찰하여 기록할 수 있는 가상 예시를 적어 놓은 것이다. 이 가상 기록은 실제 수업을 하면서 개별적으로 보다 구체적인 기록으로 바뀌게 될 것이다.

　물론, 교사가 국가교육과정의 성취기준을 변형하여 재구성하는 것에는 모범 답안은 없다. 다만, 교사가 '내 교실의 아이들이 누구냐?'에 대한 고민에서 출발하여, '왜 무엇을 가지고 어떻게 배우도록 할 것인가?'에 대한 교육적 의도와 철학에 따라 상상력을 발휘하는 것이 중요하다. 교사의 판단과 의도와 철학에 의한 교육과정 상상력이야말로, 내 교실의 아이들의 성장 가능성을 향한 더 큰 상상력으로 이어질 것이라 믿고 실천하면 되는 것이다.

　물론 그 교사의 교육과정 상상력은 결코 '제멋대로'나 '임의대로'여서는 안 된다. 앞서 이야기 하였듯이 '공동체성'에 기반을 두어야 한다. 공동체성의 주요한 자료 중의 하나가 국가교육과정이다. 국가교육과정을 꼼꼼하게 읽고 고민해야 하는 이유가 여기에 있는 것이다. 잘 읽고, 그것을 잘 판단하여, 제대로 재구성하는 작업이 필요한 것이다. 그러면, 자연스럽게 국가교육과정이 의도하는 목적에도 어긋남이 없이 다가갈 수 있을 것이다. 다만, 경계해야 할 것은 그것을 그대로 따라 하는 것이다. 내 교실 아이들의 성장에 맞게 변형하거나 때로는 개발도 가능한 융통성과 상상력의 힘을 발휘해야 하는 것이다.

마. 방법 4. 한 학기 교과 교육과정 디자인하고 실행하고 피드백 받기

하나의 성취기준은 다른 성취기준과도 종적으로 횡적으로 연계되어야 한다. 그래야 단원별이나 차시별로 단절되는 것을 방지할 수 있다. 당연히 스토리화된 연결이 필요하다. 한 뼘 한 뼘의 성장으로 멈추는 것이 아니라, 그 한 뼘이 다시 두 뼘으로 연결되고, 다시 열 뼘으로 확장되도록 연결하는 것이 중요하다. 이것이 다름아닌 반복과 심화를 통한 나선형 교육과정의 완성이라 볼 수 있다. 따라서 하나 하나의 성취기준만을 미시적으로 들여다 볼 것이 아니라, 다수의 성취기준을 한 덩어리로 묶어서 서로 연결해 주어야 한다. 가장 이상적인 방법은 한 학기의 성취기준을 통째로 연결하여 보는 것이다. 물론 시간이 오래 걸리겠지만, 힘들더라도 조금씩 범위를 넓혀가면서 시도해 보기를 권하고 싶다.

다음은 2021학년도 S 고등학교 2학년 문학 과목의 성취기준 26개를 모두 가지고 와서, 한 학기 전체로 연결하고 재구성한 것의 일부이다. 성취기준을 크게 변형하지도 않았고, 교과서의 텍스트와 학습 활동 등도 상당수 그대로 사용하였다. 그렇다 하더라도 한 학기 전체의 성취기준을 연결하고 단계화한 후, 수업과 평가로까지 연결해 보는 것만으로도 좋은 교육과정 디자인일거라 생각한다. 이리 하면, 단원별로 또는 차시별로 분절된 수업과 평가가 아니라, 전체의 흐름을 가지고 서로 연결된 수업과 평가가 가능할 것이라고 믿기 때문이다.

이렇게 교과서를 가르치는 것이 아니라, 교과서를 활용하여 성취기준 자체를 학기별로 완성된 형태로 재구성하여 가르치게 되면 다음과 같은 교육적 효과가 있다.

첫째, 수업 전체가 스토리화되고 연계되어서, 차시별로 단원별로 분절되는 현상을 막을 수 있다.

둘째, 성과를 위한 결과 중심의 수업에서 벗어나 반복과 심화를 통한 성장을 위한 과정 중심의 수업으로 디자인하고 실천할 수 있다.

셋째, 혼자가 아닌 동료 교사들과의 협력에 의해 한 학기 수업을 어떻게 할 것인지를 공동으로 고민할 수 있고, 공유할 수 있다.

넷째, 수업과 평가와 기록까지 긴 호흡으로 연계해 나갈 수 있다.

다섯째, 수업과 평가를 실행한 후 학생들의 피드백을 받아 공동으로 재수정할 수 있다.

여섯째, 채택된 교과서를 최대한 활용하되, 별개의 텍스트를 가지고 오는 데도 자유로울 수 있다.

[표 3-7] 문학 한 학기 교육과정 재구성 사례 (이명섭)

순서	영역	기본 성취기준: [번호]성취기준	성취기준 재구성 (무엇을 배울 것인가?)	학습경험 (어떻게 배울 것인가?)	평가 (무엇을 어떻게 평가할 것인가?)	영역, 제재, 단원 등
2 (3월)	국어 문학 수용과 생산 성신	[12문학02-01] 문학 작품은 내용과 형식이 긴밀하게 연관되어 이루어짐을 이해하고 작품을 감상한다. [12문학02-02] 작품을 작가, 사회·문화적 배경, 상호 텍스트성 등 다양한 맥락에서 이해하고 감상한다. [12문학02-06] 다양한 매체로 구현된 작품의 창의적 표현 방법과 심미적 가치를 문학적 관점에서 수용하고 소통한다. [12문학02-03] 문학과 인접 분야의 관계를 바탕으로 작품을 이해하고 감상하며 평가한다.	시의 형상화 방법을 이해하고, 화자의 시적 상황, 정서, 주제, 심상과 표현기법을 중심으로 작품을 심도있게 이해하며 감상한다.	시의 정의와 특성 이해하기 2. '가는 길' 읽고 학습활동하기 (42~43쪽) - 중심내용, 상황, 심상의 기능, 시행 배열의 효과 → 45쪽 감상의 정리와 지식 참고 (객관적 상관물) 3. '꽃'을 읽고 학습활동하기(86~88쪽)-존재'의 의미와 인식의 변화, 재구성한 작품과의 비교 ~90쪽 감상의 정리와 지식참고(패러디) 4. 두 편의 시를 B4 표로 작성하기 - 화자는? 시적 상황은? 대상은? 정서와 태도는? 주제는? 심상은? 표현 방법은? 5. 두 편의 시 중 하나를 선택하여 심상과 표현기법과 정서나 시적 상황과 주제를 자신의 경험에 맞게 변형하여 모방하는시 작성하기	- 시의 정의와 특성을 이해하고, 세 편의 시를 읽고, 시적 화자와 시적 상황, 대상 정서와 태도, 주제와 심상, 표현방법에 대해 알고 있는가? <지필> <수행> 두 편의 시 중 하나를 선택하여, 시적 상황, 정서, 주제, 자신의 경험에 맞게 변형한 후, 모방하는 시를 작성할 수 있는가?(5점) 1. 선택한 시의 형상화 방법을 정확하게 알고 있는가? 2. 자신의 경험을 잘 표현했는가? 3. 심상과 표현기법과 정서는 일치하고 있는가? 4. 시적 상황과 주제가 주체적으로 잘 변형되고 있는가?	2. 문학 국어의 수용과 생산
7 (7월)	한국 문학 국어 문학 역사	[12문학03-03] 주요 작품을 중심으로 한국 문학의 갈래별 전개와 구현 양상을 탐구하고 감상한다. [12문학03-06] 지역 문화와 한국 문화, 전통적 문학과 현대적 문학 등 다양한 양태를 중심으로 한국 문학의 발전상을 탐구한다.	광복 이후 문학의 갈래별 전개와 구현 양상을 이해하고 감상하며, 작품에 반영된 시대 상황과 역사의 상호 영향 관계를 탐구한다.	1. 258~259 생각해 보기, 281 정리하기를 통해 문학의 흐름 이해하기 2. '난쟁이가 쏘아 올린 작은 공' 읽기 - 75쪽 감상의 정리 이해하기 - 문학사 050 난장이가 쏘아올린... 보기 - 날개질문 중심으로 작품 읽고 줄거리 파악하기 - 학습활동하기(73~74쪽) - 공간의 의미, 비판적 이해, 사회문화적 배경, 난쟁이의 의미 3. '새들도 세상을 뜨는구나'읽기 -274쪽 감상의 정리, 지식참고(음성상징어) 학습하기	<지필> 갈래별 전개와 구현 양상을 알고 있는가? - '난쟁이가 쏘아올린 작은 공'을 통해 작은 공간의 의미와 사회문화적 배경에 대해 이해하고 있는가? '새들도 세상을 뜨는구나'를 읽고 음성상징어의 사용, 시대 상황과 시어와의 관계, 화자의 태도 등을 설명할 수 있는가?	4. 한국 문학의 역사

[표 3-8] 수학 한 학기 교육과정 재구성 사례 (설경자)

영역	기본 성취기준: [번호] 성취기준	성취기준 재구성 (무엇을 배울 것인가?)	학습경험 (어떻게 배울 것인가?)	평가 기준 (무엇을 어떻게 평가할 것인가?)		영역, 제재, 단원 등	시기
기하	[10수학02-06] 원의 방정식을 구할 수 있다.	[10수학02-06-1] 원의 정의를 설명할 수 있다. [10수학02-06-2] 다양한 조건에서의 원의 방정식을 구할 수 있다.	1. 원의 정의 이해하기 2. 다양한 조건에서의 원의 방정식 구하기 3. $x^2+y^2+Ax+By+C=0$이 나타내는 도형 이해하기 4. 광학적 미술(옵아트) 작품 감상하고 원의 방정식 구하는 방법에 대해 토의하기	상	원의 정의를 이용하여 원의 방정식을 이끌어 내고, 다양한 조건에서 원의 방정식을 구할 수 있다.	Ⅲ-3-1. 원의 방정식	6월
				중	$x^2+y^2+Ax+By+C=0$ 꼴의 원의 방정식에서 중심의 좌표와 반지름의 길이를 구할 수 있다.		
				하	$(x-a)^2+(y-b)^2=r^2$ 꼴의 원의 방정식에서 중심의 좌표와 반지름의 길이를 구할 수 있다.		

[표 3-8]은 수학 교사 설경자의 한 학기 교육과정 설계 중 일부분을 가지고 온 것이다.

위의 한 학기 교육과정을 다시 차시별로 써 볼 수도 있는데, [표 3-9]는 원의 방정식 부분만을 다시 차시의 형태로 정리한 것이다.

[표 3-9] 차시별 교육과정 재구성 사례

1단계 : 무엇을 배우는가?

재구성한 성취기준 써 보기	번호	원의 정의를 설명할 수 있다. 다양한 조건에서의 원의 방정식을 구한 후 이를 좌 표평면에 나타낸 후 감상할 수 있다.
	[10수학02-06-1] [10수학02-06-2]	

학습요소 만들기	지식(~을 안다)	기능, 태도(~을 할 수 있다)
	1. 원의 정의 이해하기 2. 다양한 조건에서의 원의 방정식 구하기 3. $x^2+y^2+Ax+By+C=0$ 이 나타내는 도형 이해하기	4. 광학적 미술(옵아트) 작품 속 원의 방정식 구하는 방법에 대해 토의하고 작품 감상하기 5. 나도 예술가 : 칸딘스키의 원 속의 원 작품 만들기

2단계 : 어떻게 배우는가?

학습경험 만들기	배움열기	– 맨홀 뚜껑은 왜 원일까? – 톨스토이 작품 속 상황에서 최대로 땅을 확보하기 위한 전략은 무엇일까?
	배움쌓기	1. 원의 정의 이해하기 2. 중심과 반지름이 주어진 원의 방정식 구하기 3. 지름의 양 끝점이 주어진 원의 방정식 구하기 4. $x^2+y^2+Ax+By+C=0$이 나타내는 도형 이해하기 5. 기하(원)과 대수(원의 방정식)의 연결성에 대해 이해하고 설명하기
	성장하기	1. 광학적 미술(옵아트) 작품 속 원의 방정식 구하는 방법에 대해 토의하기 2. 작품 감상하고 발표하기 3. 나도 예술가 : 칸딘스키의 원 속의 원 작품 만들기

3단계: 무엇을 어떻게 평가하는가? (원의 방정식 예시)

평가하기	(지필-선택형) 주어진 조건에 맞는 원의 방정식 구하고 문항 (수행-포트폴리오, 학습활동 영역) 활동지를 수행 여부(서로 협력하고 의사소통하는가?) (수행-창의적 표현 영역) 도형(원, 직선, 포물선)을 이용하여 자신의 진로를 디자인하고 디자인한 원을 방정식으로 나타낼 수 있는가

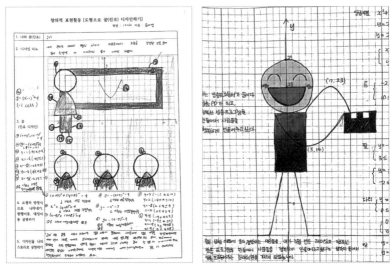

[그림 3-8] 수학과 활동지 예시

이러한 수업디자인에 따라 학생들은 원의 방정식의 정의를 설명하고 원의 방정식을 탐구한 후, 원을 그리고 그곳에다가 자신의 진로를 디자인 하는 과정을 거치도록 하였다. 그 활동지 중 일부이다.

이러한 활동지 학습은 그대로 평가로 이어진다. 수행평가지를 별도로 만들어 수업 후에 하는 평가가 아니라 활동지를 통한 수업 활동이 곧 수행 평가가 되도록 한 것이다. 그리고 그것을 관찰하여 기록하였다. 이처럼 성 취기준으로 수업하고 평가하고 기록하는 일체화 디자인과 실천이 가능한 것이다.

도형으로 꿈 디자인하기에서 좌표평면 위에 원, 포물선, 직선의 평행이동, 대칭이동을 이용하여 방송프로그램을 제작하면서 행복하게 웃고 있는 자신의 모습을 기하학적 도형을 이용하여 이미지로 잘 표현함. 도형으로 프로듀서로서의 꿈을 잘 표현하였으며, 그 이미지를 여러 가지 연립부등식의 영역으로 수학적 내용 오류 없이 잘 나타냄. 꿈을 이루기 위한 자신의 노력을 포함하여 자신감 있는 태도로 꿈 스토리를 설명하고 바른 태도로 발표를 잘 함.

영어과 교사 진은경은 성취기준을 재구성하여 교과서가 아닌, 영어 원서를 읽고 북토크하는 수업을 시도하였다.

[표 3-10] 영어 한 학기 교육과정 재구성 사례 (진은경)

차시	단계	재구성된 성취기준 (무엇을 배울 것인가?)	학습경험 (어떻게 배울 것인가?)		평가 (무엇을 어떻게 평가할 것인가?)
1차시	북로그 작성 및 북토크 오리엔테이션	-[10영03-02], [10영03-06] 영어 원서의 주제와 내 삶과의 연계성을 찾으며 읽는다.	1.오리엔테이션 : 수업과정 소개 2. 각자 자신의 수준에 맞는 영어 원서를 골라 같은 원서를 고른 학생들끼리 모둠 구성 3. 모르는 모든 단어를 사전에서 찾지 말고 물 흐르듯 즐겁게 읽기 안내	상하 2,1	- 북토크 발표 시 성실한 태도로 준비하여 임하는가?
2~5차시	원서읽기(자유선택) 및 북로그 작성	-[10영04-02], [10영04-03] 영어 원서의 주제를 간단하게 요약하거나 주제에 관한 자신의 의견이나 감정을 쓸 수 있다.	1. 자신의 실력보다 수준이 높거나 낮은 도서를 선정한 경우 교환할 기회주기 2. 전체적인 내용 파악에 중점을 두고 독서하며 모둠 원들 끼리 묻고 답하기를 권장 3. 북로그를 배부하고 쉬운 질문부터 답하기 안내	상하 2,1	- 각자 자기 수준에 맞는 영어 원서를 고른 후 자신의 수준에 잘 맞는지, 왜 이 책을 골랐는지에 대해서, 또 인상적인 문장은 무엇인지 쓸 수 있는가? - 새로 알게 되었거나, 오늘 읽은 부분에서 집중적으로 배우게 된 어휘에 대해 쓸 수 있는가?

영어독서   북로그 작성

북로그   북토크 준비   북토크

[그림 3-9] 영어과 북토크 수업

이러한 디자인에 따른 수업 활동의 흐름은 [그림 3-9]와 같다.

도덕과 교사 신혜림은 9학년 도덕을 가르치면서, 성취기준을 크게 덩어리지어 통합한 후, 구체적인 맥락으로 크게 변형하는 방식으로 재구성하고 평가하는 방식을 선택하였다[표3-11].

위에서 살펴본 바와 같이 성취기준을 변형하여 재구성하는 방식은 교사의 의도와 철학에 따라 그 정도와 방향이 얼마든지 달라질 수 있으며, 사용하는 자료도 교과서에 충실할 수도 있고, 그것을 넘어서서 다양한 자료를 사용할 수도 있다. 모범적인 답안은 없다. 단지, 교사의 재구성에 대한 의지와 철학과 상상력이 있으면 가능한 것이다.

[표 3-11] 도덕 한 학기 교육과정 재구성 사례 (신혜림)

기본 성취기준	성취기준 재구조화 (무엇을 배울 것인가?)
[9도01-01] 사람다운 삶을 살아가기 위해 도덕이 필요한 이유를 설명하고, 왜 도덕적이어야 하는지 그 근거와 이유를 제시할 수 있다. [9도03-01] 인간 존엄성과 인권, 양성평등이 보편적 가치임을 도덕적 맥락에서 이해하고, 타인에 대한 사회적 편견을 통제하여 보편적 관점에서 모든 인간을 인권을 가진 존재로서 공감하고 배려할 수 있다.	- 인간이 동물과 다른 이유와 도덕이 필요한 이유 - 도덕적이지 않은 사람들과 함께 살았을 때 공동체가 겪는 문제에 대해 생각해보기 (뉴스와 사례제시) - 왜 도덕적으로 살아야 하는지 이유와 근거를 제시하여 논술하기
[9도02-04] 이웃의 종류를 구분해 보고, 공동체 속에서 이웃을 배려하고 봉사하기 위해 타인의 관점을 채택해 보고, 이를 실천하기 위 한 구체적인 방법을 제시할 수 있다. [9도03-03] 세계 시민으로서 요구되는 도덕적 가치를 이해하고, 지구 공동체에서 일어나는 다양한 도덕 문제를 인식하며, 이러한 문제를 개선하려는 참여적 태도를 가지는 등 세계시민윤리의식을 함양할 수 있다.	- 인간의 존엄성과 인권의 소중한 이유에 대해 생각해보기 - 사회적 약자에 대한 이해 - 이웃의 종류와 범위 이해 - 내 주변의 사회적 약자 살펴보기 - 서울대 환경미화원 사망사건 뉴스 - 우리 학교에 청소하시는 환경미화원분 인터뷰하기 - 그 분의 공간 들여다보기 - 그 분도 누군가의 가족이며 우리의 이웃이라는 사실을 이해하고 나의 가족이라면 어떻게 대해야 할까 고민해보기 - 나는 화장실 사용을 어떻게 하고 있는가 성찰하기 - 그들도 우리의 이웃임을 이해하고 이웃에 대한 자신의 올바른 태도 확립하기(내가 실천할 수 있는 것이 무엇인지 생각해보기)
	- 아름다운 세상 만들기 프로젝트를 통해 세계시민으로서 다양한 문제를 해결할 수 있는 자세를 가진다.

학습경험 (어떻게 배울 것인가?)	평가 (무엇을 어떻게 평가할 것인가?)
– 인간과 동물의 차이를 브레인스토밍으로 찾는다. – 인간의 삶에서 도덕이 필요한 이유를 이해한다. – '도덕성' 영상물을 시청하고 자신의 도덕성을 학습지에 영상물의 내용을 정리하고 자신의 도덕성을 점검한다. – '철학은 어떻게 삶의 무기가 되는가' 자료를 읽고 도덕적 행동으로 이끌어주는 요소를 찾아본다. – 코로나19 상황에서 개인이 방역수칙을 제대로 지키지 않아 많은 사람들이 피해를 입게 된 사례들을 제시하고 학습지에 문제점 작성한다. – 도덕적인 사람들이 많을수록 우리의 삶이 더 행복해짐을 이해한다. – 도덕적인 사람이 공동체를 위해 필요한 사람이고 도덕이란 반복적인 연습과 실천을 통해 꾸준한 노력이 필요한 것이라는 것을 이해한다.	– 인간과 동물의 유의미한 차이를 다양하가 작성하였는가? – 도덕성 영상물을 집중하여 시청하였고 영상물 내용을 학습지에 꼼꼼하게 작성하였는가? – 비도덕적 개인이 공동체에 어떤 악영향을 미치는지 구체적으로 작성하고, 도덕적인 삶이 개인의 행복으로 이어진다는 것을 이해하고 있는가? – 왜 도덕적으로 살아야 하는지 근거와 이유를 제시하고 있는가?
– 인간의 소중함은 어디에서 오는지 이해한다. – 누구나 소중하지만 사회에서 차별받고 있는 사람들은 누구인지 찾아보고, 내 주변의 이웃의 종류에 대해서 모둠별로 토의하여 발표한다. – '인간이라는 단 하나의 이유' 자료 읽고 장애인, 노동자 인권에 대해 생각해 본다. – 우리 주변의 사회적 약자에 대해 살펴보고 2018 서울대 청소노동자 사망사건 뉴스에 대해 같이 읽고 모둠별로 문제점을 찾아 발표한다. – 우리학교 청소노동자 분을 인터뷰한 영상과 그 분이 휴식과 식사를 하는 장소를 영상으로 함께 본다. – 우리학교 청소노동자 분도 누군가의 어머니고, 누군가의 딸이며, 누군가의 부인이라는 사실을 함께 나누며 나의 가족이었다면 내가 평소에 어떻게 했을지에 대해 학습지에 적고 발표한다. – 앞으로 내가 학교 시설물 및 화장실을 어떻게 사용할지에 대한 다짐을 담아 우리학교 청소노동자 분께 감사의 편지쓰기를 쓰고 반에서 모아 전달해드린다.	– 인권의 소중함에 대해서 잘 이해하고 있는가? – 사회적 약자의 의미와 종류에 대해서 파악하고 있는가? – 이웃의 종류와 범위를 이해하고 있는가? – 평소 자신의 학교생활에 대한 성찰과 앞으로 어떻게 생활할 지에 대한 다짐을 담아 발표하였는가? – 우리학교 청소노동자 분께 감사의 마음을 담아 편지를 작성하였는가?
– '오늘부터 나는 세계시민입니다.' 자료 읽고 세계 시민으로 살아 가기 위해 필요한 자세에 대해 모둠별로 토의한다. – 아름다운 세상 만들기 프로젝트에 대해서 이해한다.(모둠별로 계획서, 발표물, 소감문 작성) – 아름다운 세상에 대한 정의를 내리고 어떻게 할지 구체적인 계획을 세우고 직접 실천하여 발표한 뒤 소감문 작성하는 프로젝트 활동을 한다.	– 아름다운 세상에 대한 정의가 구체적으로 내려져 있는가? – 프로젝트 실천 계획이 구체적인가? – 프로젝트를 직접 실천한 내용을 제시하고 있는가? – 프로젝트 실천 후 변화에 대해 구체적으로 설명하고 있는가? – 프로젝트 발표를 통해 청중의 호응이 어느 정도인가? – 프로젝트 지속가능성은 어느 정도인가? – 소감문을 구체적으로 작성하였는가?

이렇게 한 학기 교육과정을 재구성하면, 최종 소비자인 학생들하고도 공유하는 것이 가능해진다. 그 학생들의 보다 능동적이고 주체적인 학습을 위해서, 교육과정 자체(무엇을 배워야 하는가?)에 대해 충분히 이해시킬 필요가 있는 것이다. 다음은 한 학기 교사교육과정을 디자인한 것을 학생들과 공유하기 위해서 만든 학생 버전용 한 학기 교육과정이다. 즉 학생용 실러버스이다.

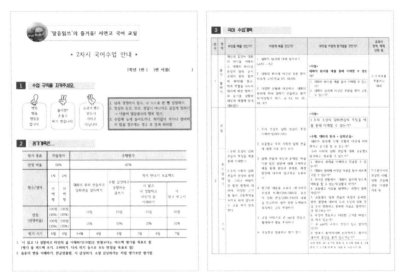

[그림 3-10] 학생용 실러버스 국어 사례

이것을 질 좋은 종이에 칼라로 인쇄하여 학생들에게 나누어 주고, 교과서의 맨 앞에 풀로 붙이도록 하였다. 그리고 두 시간을 한 학기 동안 '무엇을 배울 것인지', '어떻게 배울 것인지', '무엇을 어떻게 평가할 것인지'에 대해 오리엔테이션을 하였다. 수업 시간 중간에도 수시로 이 자료를 확인시켜서 '우리가 어디까지 왔는지', '어디로 갈 것인지'를 이해하도록 하였고, 부족했던 점이 있으면 '되돌아가서 확인해 보기' 등도 이 자료를 바탕으로 하였다. 그 과정에서 학생들은 교육과정 자체에 대한 이해도가 높아지게 되었고, 자기가 무엇을 어떻게 어떤 과정으로 학습해야 하고 평가받아야 하는지를 잘 알게 되었다고 생각한다.

물론, 이 실러버스에 실려 있는 대로 수업을 진행하지는 못했다. 수업을 하다가 보면, 학생들의 피드백 여부에 따라 다시 수정하는 경우가 생기게 되는 것이다. 이러한 수정 사항들은 그때마다 동료 교사들과 또 학생들과도 계속 소통해 나가며 수정해 나가는 것이 좋다. 누군가에 의해 '만들어진 교육과정'이 아니라 '우리가 함께 만들어 가는 교육과정'이 가능해지는 것이다. 따라서 최초 이 문서를 만들어 배포할 때, 반드시 문서의 아래쪽에 이렇게 기술해 놓는 것을 잊지 말아야 한다.

"상황에 따라, 협의에 의해 변동할 수 있음."

처음부터 완벽한 교육과정을 디자인할 수는 없고, 또한 그래서도 안 된다고 본다. 이렇게 한 번, 두 번, 세 번…. 교육과정을 재구성하고 – 실행하고 – 피드백을 받고 수정하고 하는 과정을 거치게 되면, 지금에 가장 적합한 현장성이 높은 교사교육과정이 만들어질 수 있을 것이다.

아울러 이러한 교사교육과정들이 보다 넓게 공유되고 소통되이아 한다. 그 담론의 합이 모여서, 더 큰 교사교육과정으로 모아지고 다시 국가교육과정에 피드백을 주는 선순환이 되기를 희망해 본다.

4. 성취기준을 재구성하는
구체적인 방법은 무엇인가?

✳

성취기준을 재구성할 때, 어떻게 해야 하는지에 대한 구체적 지침은 현재로서는 교육부의 학업성적 관리 지침[28]이 유일한 듯 하다.

> 학생의 특성, 학교 여건 등에 따라 교육과정 및 교과서 내용을 분석하여 교과협의회를 통해 재구조화할 수 있다. 재구조화는 성취기준을 통합하거나 일부 내용을 압축하는 것은 가능하나, 성취기준의 내용요소 중 일부가 삭제되지 않도록 유의해야 한다.

지침에 따르면, 성취기준을 통합하거나 압축하는 것이 가능하나, 이 때 교육과정에 있는 내용요소에 해당되는 것은 삭제해서는 안 된다는 것이다.

28　교육부(2022.01.17.), 2022학년도 학교 생활기록부 작성 및 관리지침(교육부훈령 제 393호)

내용요소란 무엇인가? 이는 각 교과별 교육과정 문서에 들어가면, 내용 체계라는 표에서 확인해 볼 수 있다. [표3-12]는 2015 수학과 초등학교 교육과정의 내용 체계표의 일부이다.

[표 3-12] 2015 수학과 초등학교 교육과정 내용 체계표

영역	핵심 개념	일반화된 지식	학년(군)별 내용요소		
			1~2학년	3~4학년	5~6학년
수와 연산	수의 체계	수는 사물의 개수와 양을 나타내기 위해 발생했으며, 자연수, 분수, 소수가 사용된다.	• 네 자리 이하의 수	• 다섯 자리 이상의 수 • 분수 • 소수	• 약수와 배수 • 약분과 통분 • 분수와 소수의 관계

내용 요소란 계열성의 원칙에 의해 그 교과에서 배워야 할 필수적인 학습 내용을 기술해 놓은 것인데, 대체로 '교과내용'과 관련되어 있다. 이 내용요소만 삭제하지 않으면, 성취기준을 통합이나 압축을 하는 것으로 재구조화가 가능하다고 말하고 있다. 그런데 '재구조화'라는 용어는 다분히 소극적이라는 느낌을 지울 수가 없다. 교사의 교육과정에 대한 전문성과 자율성을 보장한다는 의미에서 변형의 적극성을 반영한 '재구성'이라는 용어를 사용하고 싶다. 그리고 통합과 압축의 방법을 활용하기 이전에 '순서 바꾸어 스토리화하기'와 '구체화하여 교실서 실행하기'의 보다 기본적인 방법을 제시하고자 한다.

가. 순서 바꾸어 스토리화하기

이는 교사가 내 교실의 아이들이 잘 배울 수 있도록, 본인의 의도와 철학에 따라 성취기준의 순서를 다시 배열하는 방법이다. 2월이나 8월, 학기가 시작되기 전에 한 학기의 성취기준을 대상으로 동학년 동교과 교사들이 모여서 공동으로 작업을 하는 것이 일반적이라 할 수 있다. 이때 교사들은 국가교육과정에 나와 있는 순서나 교과서의 단원 순서가 아닌, 교사의 상상력에 의해서 성취기준을 연결하기, 이어가기, 때로는 되돌아 가기, 뛰어넘기 등을 시도해 볼 수 있을 것이다.

방법은 간단하다. 교과서를 일단 배제하고, 한 학기 동안 가르칠 성취기준을 가지고 와서 '어떤 순서로 가르치면 아이들이 잘 배울 수 있도록 스토리화할 수 있을까?'를 고민하면 된다. 연결하는 기준은 주제별도 좋고, 활동별도 좋고, 영역을 통합하는 방식도 좋고, 난이도별, 친근감별 등 다양한 기준을 활용할 수 있을 것이다. 이는 교과서 자체를 놓고 순서를 정하는 것과는 전혀 다른 접근 방식이다. 교과서의 단원이나 텍스트를 놓고 순서 바꾸기를 한다고 해도, 그것들을 서로 유기적으로 연결하기는 쉽지가 않다. 오히려 스토리화된 성취기준의 순서에 따라 그에 합당한 교과서의 텍스트를 선택하여 배치하면 된다.

어느 역사 교사는 '왜 우리와 거리가 먼 원시인부터 배워야 하는가?'를 고민하였다. 그리고 그는 아버지의 역사부터 시작하여 할아버지 역사, 증조할아버지 역사로 거슬러 올라가는 소위 '거꾸로 역사 수업'을 만들었다. 또 다른 역사 선생님은 시대별이 아닌, 모든 시대를 어우르는 주제별(정치, 사회, 문화…)로 성취기준을 재구성하기도 하였다.

상황별 과학 수업을 한 과학 교사도 있었다. 길거리에서 찾은 과학, 교실에서 발견하는 과학, 방 안에서 움직이는 지구 등…. 학생들의 생활에 보다 밀접한 상황을 바탕으로 교육과정을 재편성한 경우라 할 수 있다.

수학은 학생들이 많이 어려워하는 과목이다. 일단 쉬운 예제부터 다 풀어 보고, 다시 돌아와서 연습 문제, 다시 돌아와서 심화 문제를 풀게 하는 '쉬운 것부터 해결하는 수학' 을 편성한 수학 교사도 있었다.

국어의 경우는 성취기준 자체가 영역별로 분절되어 있다. 최근에 이를 극복하기 위하여 '읽고 - 말한 후에 - 써 보고 - 다양한 매체로 표현해 보는' 통합적 국어 활동이 가능하도록 재구성하는 사례들이 많이 있다.

이처럼 성취기준의 순서를 바꾸어 프로젝트화, 스토리화하면 학습을 유기적으로 연결하여 가르칠 수 있다. 이를 통해 교육과정의 영역별 분절 또는 교과서의 단원별 분절을 극복할 수 있을 것이다. 아이들도 수업과 수업 사이를 건너다니며, 반복과 심화를 통해 한 뼘씩 성장하는 모습을 기대할 수 있을 것이다.

나. 구체화 하기

구체화하기는 교육과정 재구성의 핵심이라 할 수 있다. 이는 앞서 설명하였듯이, 포괄적이고 추상적이며 대강화되어 있는 국가수준의 성취기준

[표 3-13] 성취기준 구체화하기 사례

과목	기본 성취기준	성취기준 재구성
국어	[4국05-02] 인물, 사건, 배경에 주목하며 작품을 이해한다.	우투리의 영상을 보고, 인물과 사건과 배경이 어떻게 되는 지를 찾아서 모둠내에서 서로 이야기 해보고, 활동지에 작성한 후, 게시하고 발표한다.
수학	[10수학02-01] 두 점 사이의 거리를 구할 수 있다.	수직선 위의 두 점 사이의 거리를 이해하고, 좌표평면 위의 두 점 사이의 거리를 구한 후, 지도에서 좌표축을 정하고 실제 거리를 구할 수 있다.
영어	실생활 중심의 일반적 주제에 대해 글을 읽고 요지를 쓸 수 있다.	실생활과 관련된 쉽고 친숙한 책을 읽고, 스토리를 구성하는 주요 문장 5개를 찾아 쓰고, 요약하는 글을 쓴 후, 친구들 앞에서 발표할 수 있다.
과학	지구의 기후변화를 설명하는 다양한 가설을 설명할 수 있고, 이에 대한 이해를 바탕으로 가설을 지지하는 근거를 과학적으로 제시하여 논증을 구성할 수 있다.	1. 지구 온난화를 온실효과와 비교하여 정리할 수 있다. 2. 인간 활동이 지구온난화의 원인임을 근거를 들어 주장할 수 있다. 3. 자연적 변화가 지구온난화에 미친 영향을 근거를 들어 주장할 수 있다.

을 내 교실에서 수업에 바로 적용할 수 있도록 학습 상황과 도구의 활용, 학생 활동과 성취수준, 지녀야 할 가치나 태도 등으로 구체화하여 진술하는 것을 의미한다. 여러 과목의 예를 들어 보자.

　사실 이러한 방식은 이미 학습과정안을 만드는 과정에서 해 오고 있던 작업들이다. 그러나 학습과정안은 지나치게 도식화되어 있고 형식화되어서 교육과정을 실행하는 데 분절화와 파편화를 벗어나기가 어렵다. 이를 극복하고 수업의 장면과 활동과 감상 등을 구체적인 문장으로 진술함으로써, 실제 수업에서 학생의 활동과 피드백이 가능하도록 한 것이다. 이런 문장들은 서로 연결되고 스토리화되어, 수업과 평가와 기록으로 다시 이어질 수 있을 것이다.

다. 압축하기

압축하기의 첫 번째 방법은 성취기준의 일부를 생략하거나 약화시키는 덜어내기(−)를 하는 것이다. 예를 들면 '탐구한다'라는 성취기준의 기능 활동 부분을 덜어내서 '설명한다' 정도로 바꾼다거나, 이를 더 약화시켜서 단순히 '안다' 정도로 바꾸는 것이 그것이라 할 수 있다. 또한 '이해하고 적용한다'라고 되어 있는 것을 '이해한다'까지만 하도록 일부를 생략하는 방법도 있을 수 있다. 그런데 이 압축하기는 성취기준 자체를 삭제하는 것을 의미하지는 않는다. 앞에서 언급하였듯이, 성취기준의 내용요소

[표 3-14] 성취기준 압축하기 중 생략과 약화의 사례

기본 성취기준	성취기준 재구성(무엇을 배울 것인가?)
[10통사08-03] 남북분단과 동아시아의 역사 갈등 상황을 분석하고, 우리나라가 국제사회의 평화에 기여할 수 있는 방안을 탐구한다.	- 남북분단의 역사적 갈등 상황을 모둠별로 구체적 사건을 중심으로 조사하고, 분석한 후 원인과 결과와 의미에 대해 발표한다.
	- 우리나라가 국제사회의 평화에 기여할 수 있는 구체적인 방안(무엇을, 어떻게, 왜)을 서로 이야기한다.

를 삭제하는 것은 현재로서는 지침에 위반되는 것이다. 다만, 향후 교사들의 교육과정 기획권이 더 활발하게 보장되고, 교사들의 교육과정에 대한 전문성에 대한 신뢰가 충분히 쌓인다면, 이에 대해서도 보다 긍정적으로 검토할 수 있을 것으로 본다. 압축하기의 예는 다음과 같다.

[표 3-14]의 예를 보면, 원래의 성취기준은 '남북분단과 동아시아의 역사 갈등 상황을 분석' 하게 되어 있는데, 동아시아를 생략하여 남북분단만 다루도록 재구성한 것을 알 수 있다. '탐구한다' 도 약화시켜 '단순히 이야기한다' 에 그치도록 약화하였다.

압축하기의 두 번 째 방법은 하나의 성취기준을 두 개 이상의 성취기준으로 나누는 것(÷)이다. 이는 하나의 성취기준이 복합적이어서, 단계별로 다시 나누어 활동하는 것이 좋겠다는 판단에서 나온 것이다. 예를 들면, '읽고 쓰고 발표한다' 라는 하나의 성취기준 기술을 '읽는다', '쓴다', '발표한다' 로 셋으로 다시 나누어 단계별로 활동하게 하는 것이다.

[표 3-15] 성취기준 압축하기 중 나누기 사례

과목	기본 성취기준	성취기준 재구성(무엇을 배울 것인가?)
국어 (문학)	[12문학04-01] 문학을 통하여 자아를 성찰하고 타자를 이해하며 상호 소통하는 태도를 지닌다.	1단계. 윤동주의 시를 읽고, 자신의 경험에 비추어 자아를 성찰하는 글을 써서 발표한다.
		2단계. 윤동주의 시를 읽고, 부모형제나 친구 또는 친지 등 인연이 깊은 사람과의 관계에 대해 성찰하고, 공감하는 편지를 써서 소통한다.
		3단계. 자아성찰과 타인 이해 활동을 하고 난 후, 읽은 시를 중심으로 모둠을 편성하여 시낭송회를 실시한다.

[표 3-15]의 예에 나와 있는 원래의 성취기준을 보면, '자아를 성찰하고 타자를 이해하며 상호 소통하는'으로 되어 있다. 이것을 수업 시간에 한꺼번에 하나의 학생 활동으로 가져 가기에는 어렵다는 판단이 된다. 그래서 다시 활동을 셋으로 단계화하여 분리한 것이다. 즉 '자아를 성찰한다' → '타인을 이해한다' → '자아 성찰과 타인 이해한 것을 상호 소통한다'로 분리한 것이다.

라. 통합하기

최근 교사들이 많은 관심을 가지고 있는 재구성의 방법으로, 두 개 이상의 성취기준을 하나로 묶어 주는 방법이다. 이에는 물리적으로 합하는 통합하기(+)와 화학적으로 교차시키는 융합하기(x)로 세분하기도 하는데, 이는 원래의 성취기준의 변형 정도에 따라 구분하는 것이다. 대체로 교과 내 통합의 경우에는 물리적 통합이, 교과 간 통합의 경우에는 화학적 융합이 많은 편이라 할 수 있다. 그 예를 들면 다음과 같다.

물리적 통합 (+) : 읽는다, 쓴다. → 읽은 후에 쓴다.

그린다, 적용한다. → 그려서 적용한다.

화학적 융합 (+) : 영어로 말한다.(영어과) 노래를 부른다.(음악과)

→ 영어로 노래를 부른다.

포물선의 원리를 안다(수학과). 마을의 모양을 이해한다

(사회과)

→ 마을의 모양에서 포물선의 원리를 안다.

앞의 방식을 적용한 국어과 통합하기의 실제 예를 보면, [표 3-16]과
같다.

[표 3-16] 성취기준 통합하기 국어과 사례

과목	기본 성취기준	성취기준 재구성(무엇을 배울 것인가?)
국어	[10국02-01] 읽기는 읽기를 통해 서로 영향을 주고 받으며 소통하는 사회적 상호작용임을 이해하고 글을 읽는다.	사회적 이슈가 되었던 글을 통해, 읽기는 서로 영향을 주고받으며 소통하는 사회적 상호작용임을 이해하고, 이에 참여하는 글을 써서 발표한다.
	[10국03-01] 쓰기는 의미를 구성하여 소통하는 사회적 상호작용임을 이해하고 글을 쓴다.	

읽기와 쓰기가 각각 별도의 영역으로 구분되어 두 개의 성취기준으로
진술되어 있는데, 들여다 보면, '사회적 상호작용임을 이해한다.' 라는 공
통의 기능적 요소를 가지고 있다. 이에 착안하여 '읽기 – 쓰기'를 통합하
여 활동하고, 이를 통해 사회적 상호 작용을 이해하도록 재구성한 것이다.

수학의 예를 들어 보면,

[표 3-17] 성취기준 통합하기 수학과 사례

과목	기본 성취기준	성취기준 재구성(무엇을 배울 것인가?)
수학	[9수03-09] 2차함수의 의미를 이해하고, 그 그래프를 그릴 수 있다.	2차함수의 그래프를 그리고 그 그래프의 의미와 성질을 이해한다.
	[9수03-10] 2차함수 그래프의 성질을 이해한다.	

2차함수 그래프의 의미와 성질을 이해하는 것인데, 성취기준은 '그래프를 그리는 것'과 '의미와 성질을 이해하는 것'이 서로 분절되어 있다고 판단한 것이다. 따라서 이를 '그래프 그리는 것을 통해서 의미와 성질을 이해'하도록 다시 통합한 것이다.

교과 간 통합은, 최근 자유학년제나 자율교육과정의 활성화로 인해 많은 학교들이 시도하고 있는 재구성의 방법이기는 하다. 그러나 하나의 주제를 만들고, 거기에 기존의 교육과정(성취기준)과는 상관없는 별도의 활동들을 새롭게 만들다 보면, 교사들의 품이 많이 들어 힘들어진다. 별도의 교육과정을 만드는 것보다는 일단 각 교과의 교육과정 안에 있는 성취기준을 가지고 와서 통합하거나 융합하는 것을 우선시하였으면 한다. 단편적이고 일회적인 성격에서 벗어나 평소의 수업과 연관되고 연계되는 효과도 있고, 교사의 품도 그만큼 덜게 되기 때문이다.

허연희 교사가 초등학교에서 과학, 국어, 사회, 음악에 있는 성취기준들을 가지고 와서 '환경교육'이라는 새로운 교육활동으로 융합한 것을 그 예로 들면 [표 3-18]과 같다.

[표 3-18] 성취기준 융합하기 사례1 (허연희)

과목	기본 성취기준	성취기준 재구성(무엇을 배울 것인가?)
과학	[6과05-03] 생태계 보전의 필요성을 인식하고 생태계 보전을 위해 우리가 할 수 있는 일에 대해 토의할 수 있다.	지구촌의 환경 문제에 관한 동영상을 보고, 생태계가 파괴되면 어떤 일이 생길지 토의한다. 우리 지역의 환경 문제를 조사하고 해결 방안을 탐색하며, 배경 음악을 넣은 동영상을 만들어 환경문제 해결을 위한 행사에 참여하고 실천하는 자세를 기른다. 환경문제 해결을 위해 주장하는 글을 적절한 근거를 들어 글로 쓴다.
국어	[6국03-04] 적절한 근거와 알맞은 표현을 사용하여 주장하는 글을 쓴다.	
사회	[6사08-05] 지구촌의 주요 환경문제를 조사하여 해결 방안을 탐색하고 환경문제 해결에 협력하는 세계시민의 자세를 기른다.	
음악	[6음03-01] 음악을 활용하여 가정, 학교, 사회 등의 행사에 참여하고 느낌을 발표한다.	

[표 3-19]는 백선혜 교사가 고등학교에서 한국사와 영어, 국어 과목을 융합한 후, 각 과목별로 수업을 실행하고, 이를 창체의 현장체험 활동으로 연결한 사례이다.

[표 3-19] 성취기준 융합하기 사례 2 (백선혜)

순서	기본 성취기준	성취기준 재구조화(무엇을 배울 것인가?)
한국사	[10한사04-02] 우리나라 근대 문화유산을 탐구하고 우리 문화재를 다른 사람에게 소개하고 이후 문화재 홍보 및 보호활동에 참여할 수 있다.	- 서울 덕수궁, 정동 일대의 문화유산들을 통해 근대 시기 사회모습의 변화를 안다. - 문화유산 중 하나를 정해 '문화해설사되기' 활동을 한다. - 문화유산 홍보 및 보호활동에 대한 필요성을 인식하고 실천하는 태도를 함양한다.
영어	[10영04-04] 특정 주제나 대상을 묘사하는 글을 쓸 수 있다. [10영02-01] 특정 주제에 관하여 듣거나 읽고 세부 정보를 설명할 수 있다.	- 정동 일대에 있는 근대문화유산 중 하나를 골라 묘사하는글을 써서 홍보자료로 만든다. - 홍보자료를 외국인에게 설명해 주는 대본을 작성하고 말하기 연습을 한다.
창체	미션수행을 통해 의미있는 현장체험학습을 경험한다.	- 문화해설사 되기 활동을 통해 자신감과 발표력을 키운다. - 외국인 대상 홍보활동을 통해 의사소통능력을 기른다.
국어	[10국03-03] 자신의 경험과 성찰을 담아 정서를 표현하는 글을 쓴다.	- 현장체험학습에서 느낀 감정이나 지식을 한편의 글(에세이, 기행문)로 작성한다.

학습경험(어떻게 배울 것인가?)	평가(무엇을 어떻게 평가할 것인가?)
1차시 : 문화유산들을 분류하고 당시 시대상황 파악 - 서울 정동 일대에 어떤 근대 문화가 남아 있는지 조사한다. - 문화유산들을 통해 그 시기 모습을 브레인스토밍 형태로 공유한다. **2차시 : '문화해설사 되기'활동 자료 제작** - 문화유산 하나를 정해 시대상황과 특징을 포함한 소개 자료를 만든다. **3차시 : 녹음과 수정** - 자신이 만든 자료를 바탕으로 녹음 하면서 발표를 준비한다. - 녹음의 과정을 반복하면서 내용을 보완해 나간다.	<한국사 수행평가 기준> 1. 답사 계획서와 보고서 작성이 충실한가? 2. 문화유산에 대한 조사 내용이 정확한가? 3. 근대 문물의 수용으로 당시 나타난 사회변화를 3가지 이상 열거할 수 있는가? 4. 모둠 내 역할 분담에 적극적으로 참여하고, 협력적으로 활동을 수행하는가? 5. 문화유산 홍보 및 보호활동에 대한 필요성을 느끼고 실천하였는가?
4차시 : 한국사 시간에 제작한 문화유산 소개 자료를 바탕으로 근대 유산을 키워드 중심으로 소개하는 짧은 영어 글(홍보자료)을 작성한다. **5차시 :** 홍보자료를 소개하는 대본을 작성한다. 홍보자료와 영어대본의 표현, 어휘, 문법 등을 검토한다. **6차시 :** 녹음을 통해 말하기 연습을 해 본다.	<영어과 수행평가 기준> 1. 문화유산의 특징을 적절한 표현과 어휘로 묘사하였는가? 2. 글의 내용이 키워드를 중심으로 적절한 분량을 지켰는가? 3. 소개대본이 자연스러운 대화의 형식을 갖추고 매너 있는 소통의 과정이 담겨 있는가? 4. 대본의 내용을 녹음하면서 말하기 연습을 수행하였는가?
- 문화해설사 되기 미션 수행 (다른 문화재를 선택한 4명이 1모둠이 되어 동선을 고려한 문화재 답사순서를 정하고 함께 이동하며 한국사 시간에 준비한 자료를 바탕으로서로에게 해설사가 되어줌) - 외국인에게 문화유산 홍보 미션 수행. (영어 시간에 작성한 홍보자료를 참고하여 홍보활동을 서로 도우면 진행)	<창체 자율활동 특기사항에 기록>
7차시 : 체험 학습의 경험을 통해 자신이 새롭게 발견한 가치나 의미를 친구들과 공유한다. **8차시 :** 친구들과 나눈 경험 이야기를 바탕으로 자신의 감정과 정서를 개성 있게 표현하는 글을 쓸 수 있다.	<국어과 수행평가 기준> 1. 자신의 경험이나 성찰의 내용이 잘 드러나 있는가? 2. 자신의 감정과 정서를 솔직하면서 개성있는 글로 표현하였는가? 3. 다른 친구들의 경험을 경청하고 공유하는 자세가 적극적인가? 4. 에세이나 기행문의 글이 충실하고 분량이 적절한가?

우선 서울 정동 일대의 근대 문화에 대해 자료를 조사하고 소개하는 자료를 한국사 시간에 만든 후, 이를 영어 시간에 외국인에게 안내할 짧은 소개글을 만들어 영어로 번역한다. 그리고 창체 시간에 현장 학습으로 정동 일대로 나가서, 외국인들에게 문화유산에 대한 홍보 활동을 한다. 마지막으로 국어 시간에 현장 체험 학습에서 '느끼게 된 것'과 '알게 된 것'을 중심으로 감상문을 작성하여 발표하도록 총 8차시로 융합하여 프로젝트화 한 수업이라 할 수 있다.

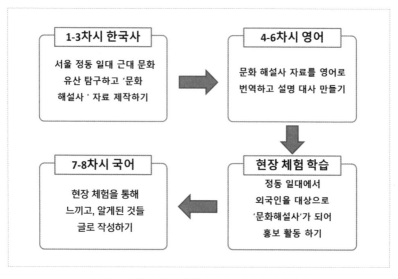

[그림 3-11] 성취기준 융합하기 사례 2의 수업 실행 절차

그런데 이렇게 순차적으로 진행할 경우 수업 시간을 재조정해야 하는 어려움이 있다. 그래서 평상시 수업 시간을 활용하여, 순차적인 진행보다는 동시성과 순차성을 함께 고려한 재구성도 해 볼 수 있다. 다음에 나오는 민수정 교사의 재구성이 그 예다. 공통 주제를 '지역(마을)사회의 특성 탐구하기'로 설정한 후, 각 과목별 특성에 맞게 수업을 동시에 진행하게 한 후, 마지막 음악으로 표현하는 부분만 나중에 진행한 것이다.

[표 3-20] 성취기준 융합하기 사례 3 (민수정)

순서	기본 성취기준	성취기준 재구조화 (무엇을 배울 것인가?)
사회 (도덕, 역사)	지구촌의 주요 환경문제를 조사하여 해결 방안을 탐색하고 환경문제 해결에 협력하는 세계시민의 자세를 기른다.	[지식] 우리 지역의 주요 환경문제에 대해 어떤 문제, 어디서, 어떤 형태로 일어나는지 조사하여 정리한다. 이러한 환경문제가 우리 지역경제와 발전에 미치는 영향을 조사한다. [기능] 우리 지역 환경 문제 해결 방안을 탐색하고 우리가 함께 실천하면 해결할 수 있는 부분이 있는지 토의한다.
과학	생태계 보전의 필요성을 인식하고 생태계 보전을 위해 우리가 할 수 있는 일에 대해 토의할 수 있다.	[지식] 우리 지역의 생태계 파괴 사례와 환경 오염이 우리 지역에 사는 생물과 우리에게 미치는 영향에 대해 조사하고 생태계 복원의 필요성을 인식한다. [기능] 우리 지역의 생태계 복원을 위해 나, 우리, 가정과 마을에서 실천할 수 있는 부분들을 나누어 토의한다.
국어	적절한 근거와 알맞은 표현을 사용하여 주장하는 글을 쓴다.	[지식] 우리 지역의 환경문제 해결과 지속 가능한 발전'에 대한 다양한 사람들의 이야기를 바탕으로 특성에 맞게 글을 쓴다. [기능] 우리 지역의 환경 개선을 위해 실천해 본 활동들을 자신의 주장과 근거를 알맞은 표현을 사용하여 글을 쓴다.
수학	자료를 수집, 분류, 정리하여 목적에 맞는 그래프로 나타내고 그래프를 해석할 수 있다.	[지식] 우리 지역의 환경 문제와 개선 방안에 대해 자료를 수집, 분류, 정리한다. [기능] 설문 결과를 통계낸 후 그래프나 표로 정리한다. 그래프를 분석, 해석한 후 그 내용을 활용해 '게임카드' 만들기 활동을 한다.
음악	악곡의 특징을 이해하며 개성 있게 노래 부르거나 악기로 연주한다. 음악과 관련된 다양한 행사에 참여하고 행사에 대해 평한다.	[지식] 우리 지역의 특색을 잘 살려 리듬과 박자에 맞게 개사를 한다. [기능] 개사한 노래를 친구들과 동작을 만들어 표현하고 플래시몹으로 표현하여 행사에 참여한다.

학습경험 (어떻게 배울 것인가?)	평가 (무엇을 어떻게 평가할 것인가?)	영역, 제재,단원
– '내가 사는 지역(마을)의 특별하고 색다른 5가지 는? 이라는 주제로 내가 살고 있는 마을의 자랑거리 5가지(길, 인물, 문화, 역사, 유물, 나무 등)에 대해 조사하여 발표한다. – 우리 동네 발전에 영향을 주는 요소, 피해가 되는 요 소들을 마을 사람들과 인터뷰를 통해 조사한다. – 우리 지역을 특색들에 대한 홍보 및 개선할 방안을 토의한다. – 지역 신문을 제작 또는 지역 홍보 UCC제작에 참여 한다.	– 홍보 및 개선 방안에 적극적으로 참여하였는가? – 모둠 내 역할 분담에 적극적으로 참여하고 협력적으로 활동을 수행 하였는가? – 지역신문 또는 UCC제작에 참여하 였는가?	
– 우리 지역의 생태계 파괴와 환경오염이 나타나게 된 이유를 조사한다. – 우리 지역의 생태계 파괴와 환경 오염으로 인해 우리 에게 미치는 영향을 조사한다. – 생태계 복원의 필요성을 인식한다. – 우리지역의 생태계를 복원하기 위해 나, 우리, 가 정과 마을에서 실천할 수 있는 방안으로 토의한다.	– 생태계 복원의 필요성을 말할 수 있는가? – 나, 우리, 가정과 마을에서 실천할 수 있는 방안을 토의할 수 있는가?	
– 우리 지역의 특색(길, 인물, 문화, 역사, 유물, 나무등) 에 대해 마을에 사는 다양한 사람, 기관을 만나서 인터 뷰 활동 체험에 대한 감상문을 작성하고 발표한다. – 우리 마을 사람들이 지역을 지키고 개선을 위해 어 떠한 노력을 하여 변화 발전하였으며, 스스로 실천해 본 활동들을 자신의 주장과 근거를 들어 주장하는 글 을 쓴다.	– 자신의 생각과 경험들을 명확하게 표현하는가? – 작성한 체험 글을 설득력있게 발표 하는가?	
– 우리 지역의 특색(길, 인물, 문화, 역사, 유물, 나무 등) 을 유지하고 개선을 위한 활동을 위한 설문자료를 만 들고 설문을 한 후 자료를 수집, 분류, 정리한다. – 설문 결과를 통계낸 후 그래프나 표로 정리한다. 그 래프를 분석, 해석한 후 그 내용을 활용해 '게임카드' 만들기 활동을 한다.	– 자료를 분류하고 정리하는가? – 프로젝트 활동 결과를 표와 그래프 로 명확하게 표현하는가? – 수의 법칙을 활용하여 지역의 특색 을 알 수 있는 게임 카드를 만드는 가?	
– 이날치 '범 내려오다'라는 곡에 우리 지역의 특색을 알리는 내용으로 개사를 한다. – 플래시 몹으로 표현을 한다.	– 우리 지역의 특색을 잘 살려 개사 를 하였는가? – 개사하여 노래로 잘 표현하였는가? – 플래시몹으로 표현하였는가?	

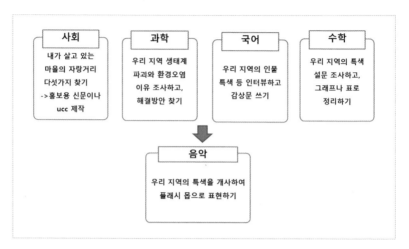

[그림 3-12] 성취기준 융합하기 사례 3의 수업 실행 절차

이렇게 각 과목을 통합 또는 융합한 후 프로젝트화 하면, 각기 분절된 교과별 학습에서 벗어날 수 있다. 학생들은 자신들의 삶이나 경험과 관련된 경험들을 각 교과를 통해서 다양하지만 일관된 경험을 할 수가 있다. 그 과정에서 학생들은 일회적인 지식이 아닌, 지식을 이해하고 지식을 다양하게 활용하는 반복과 심화의 과정을 밟게 될 것이다. 또한 그동안 방과 후에 모두가 아닌 소수에게만 행해지던 별개인 일회성 행사에서 벗어나 '수업=행사', '수업의 과정이나 결과로 연계된 행사'로 보다 깊이 있는 경험을 학생들에게 제공할 수 있을 것이다.

내가 만든 교육과정을
어떻게 교실로 가지고 갈까?

1. 수업 방법을 바꾸어야 할까?

✳

가. 수업 방법에 골몰하다 수업을 다시 실패하다.

교육과정을 재구성한 것을 가지고 교실로 들어가기 위해서는 필연적으로 '수업을 어떻게 할까?' 라는 고민이 수반되게 되어 있다. 교단 교사가 우대받는 학교 문화를 만든다는 명분이 좋아서 시작한 수석교사 살이를 하면서, '어떤 방법으로 가르쳐야 할까?' 라는 화두에 지나치게 몰입했던 것 같다. 때마침, 우리나라에는 외국의 훌륭하다는 많은 수업 방법들이 우후죽순처럼 소개되고 회자되던 때이기도 하였다. 그러다 보니, 자연스럽게 수업 고민의 화두는 이런 것들로 채워지곤 한다.

'어떤 도구를 쓸까?'

'혹 좋은 양식 없을까?'

'다양하고 신기하고 새롭고 재미있는 기술은 무엇일까?'

그래서 세상에 있는 온갖 훌륭한 수업 방법들을 적극적으로 가지고 왔다. 협동학습부터 토론학습, 프로젝트학습, 비주얼씽킹수업, 액티브러닝, 하브루타, 거꾸로 수업 등 무척 많은 수업 방법들을 도입하고 내 수업에 적용하려고 많은 노력을 기울였다. 그러면서 수업 시간에 '그리고 오리고, 찢고, 찍고, 붙이고, 만들어 내는' 도구적 재미와 정서적 재미가 듬뿍 담긴 그런 수업들을 많이 하였다. 아이들도 좋아했다. 수업 시간에 열심히 참여하고 훌륭한 성과물들을 내 놓았다. 아이들이 잘 배우고 있다고 자부하기도 하였다. 그러나 그 믿음은 잘못된 것이었다.

수석교사는 수업을 잘하는 교사라고들 하더군요. 거기에 걸맞은 교사가 되려고, 수업 기술에 대한 연수에 매우 열심히 참여했습니다. 그리고 수업을 잘한다는 선생님들 수업도 상당수 참관하였습니다. 그들이 쓰는 양식과 도구들을 어떻게 해서든 얻어다 써 보았지요. 그러면서 자신감이 생겼습니다. 드디어, 그동안 획득한 수업 기술과 도구들과 양식들을 아이들에게 마구 펼치기 시작하였습니다. 아이들도 신기해하고, 재미있어하고, 자는 아이들도 일어나더군요. 내가 '수업을 잘한다'고 믿었습니다. 어깨에 힘이 들어갔습니다. 그래서 선생님들께 '이리 해 보아라, 저 양식을 가지고 해 보아라' 하고 마구 퍼 주었지요. 그런데 시간이 흐를수록 회의가 오기 시작하였습니다. '정말 배웠을까?, 정말 생각하고 말하는 것일까?, 자기 생각을 말하는 것일까?, 정말 그림을 통해서 개념을 익힌 걸까?, 정말 궁금한 것을 물어본 것일까?' 등의 의문이 사라지지 않았습니다. 또한 그 도구와 양식과 기술들을 얻어간 선생님들도 제 수업방식을 그리 많이 따라 하지 않는다는 것도 알게 되었습니다. 그러던 어느 날, 오후 수업 시간에 국어과 선생님들이 예고도 없이 제 수업을 참관하려고 들어왔습니다. 방심했던 시간이었지요. 그야말로 한 무더기의 아이들이 쓰러져 자고 있었습니다. 너무너무 놀랐지요. 도구와 기술로 수습하려고 애썼지만, 때는 늦었습니다. 엉망진창인 수업이 발각된 순간이었습니다.

'무엇을 왜 가르칠 것인가'를 먼저 고민했어야 했다. 그 물음에 '내 교실의 아이들이 무엇을 왜 어떻게 배우고 경험해야 잘 배울 수 있는가?'를 덧붙여 구체적으로 고민했어야 했다. 그러나 도구에 지나치게 의존하였던 것이다. 그러한 나의 또 다른 수업 실패기이다.

국어 시간에 소설의 개념을 익히게 하고 싶었다. 그래서 비주얼씽킹 수업의 '파이브 핑거즈 기법'을 활용하였다. 우선, 도화지와 색연필을 가지고 교실로 갔다. 아이들에게, "얘들아, 오늘은 소설의 개념 익히기 수업을 할 거야. 그러려면, 먼저 손가락을 그려야 해. 그리고 손가락마다 소설의 용어를 적고 개념을 공부할거야. 자 손가락을 예쁘게 그려 볼까"
한 여학생은 손가락을 정말 예쁘게 그리고 있었다. 그리다가 마음에 안 들면 다시 지우고…. 색연필로 예쁘게 색칠도 하고…. 그 모습이 대견하여 다가가서 칭찬을 해 주었다. 그랬더니 그 학생은 더 열심히 그린다. 그 순간, 이 학생의 수업 목표가 바뀌었다. '손가락을 그려서 소설의 개념 익히기'가 아니라, '손가락을 예쁘게 그리기'로만 집중된 것이다.
그 옆의 남학생은 정반대였다. 손바닥을 도화지에 대고는 연필로 찍찍 그리고는 다 그렸다고 놀고 있는 것이었다. 화가 나서 소리를 질러댔다. 그랬더니, 그 남학생은 '손가락 그리라 해서, 다 그렸어요'라며 뭐가 잘못되었느냐는 듯이 억울하다고 나를 쳐다 보았다.

이 수업의 잘못은 분명하다. 학습 도구와 학습의 목적이 뒤바뀐 것이다. '개념을 잡기' 위해서 '손가락을 그리기' 한 것이 아니라, '개념 잡기를 평계 삼아 손가락만 그리기'를 한 것이다. 나는 수업 시간 중, 특히 수행평가를 할 때 이런 오류에 빠지기도 하였다. 학생들 결과물의 탁월함이 주는 달콤한 유혹을 벗어나기가 쉽지 않았던 것이다.

가장 후회스러운 수업으로 남아있는 것도 있다. 2012년도에 교육부 100대 교육과정에 채택되기 위해서 교육부 공개 수업을 학교 대표로 해야 했는데, '우리도 샘'이라는 프로젝트 수업을 하였다. 모둠별로 수업계획서를 제출하게 한 후, 가르칠 내용을 조사하고 공부한 후에 반 학생들에게 수업을 직접 진행하도록 한 수업이었다. 그러기 위해서 사전에 나에게 와서 수업 시연을 하도록 하였다. 그리고 내가 조언해 준 것을 바탕으로, 아이들은 교실로 돌아가 교사가 된 것처럼 수업을 40분간 진행한 것이었다.

[그림 4-1] 2012년 '우리도 샘' 수업 실행 과정

이 수업에 열심히 참여한 학생들은 대부분 '이끔이'라고 불렸던 모둠의 리더들이었다. 그들은 리더십을 최대한 발휘하여 수업자료를 만들고, 실

제 수업에 사용할 다양한 방법을 고안하였다. 그리고 매우 흥미롭고 인상적인 수업을 주도적으로 진행하였다. 그중 한 학생의 학생부 교과 세부능력 및 특기사항은 이렇게 적혀 있다.

'디지몬 친구들' 모둠의 이끔이로서(2012.09.01.~12.10.), '황순원의 〈목넘이 마을의 개〉에 나타난 휴머니즘 탐구'라는 모둠별 탐구 주제로, 소설 전문을 인물의 감정 변화와 사건 전개에 따라 네 부분으로 나누어 이야기 전체 흐름을 파악하고, 주요 소재들의 의미를 정리하고 인물의 감정 변화를 도식화해 ppt 자료를 만들어(2012.10.21.~10.29), 맥락을 중심으로 작품을 이해할 수 있도록 워크시트지를 작성하고 배부한 후, 이에 대해 40분간 교사 역할이 되어 발표하여, 소설을 이해하는 능력과 배려하고 협력하여 가르치는 능력이 우수함을 보임.(2012.11.07.)

이 학생의 경우에는 대학 입시에서 자기소개서를 작성할 때, 학습 경험을 이렇게 적기도 하였다.

~2학년 때 내게 잘 맞는 공부법을 찾을 수 있었다. 문학 수업 중 진행된 조별 프로젝트 수업은 작품을 스스로 학습한 후 수업을 직접 진행하는 것으로, 우리는 황순원의 〈목넘이 마을의 개〉라는 소설을 선택하였다. 어떻게 공부해서 수업을 준비해야 할지 고민에 빠져 선생님을 찾아가 자문을 구했다. 작품의 전체 맥락을 훑을 줄 아는 시야를 갖추라는 선생님의 조언에 따라 소설 전문을 인물의 감정 변화에 사건 전개에 따라 네 부분으로 나누었다. 그러자 이야기의 전체 흐름이 한눈에 파악이 되었고, 소설이 말하고자 하는

바도 훨씬 명료하게 알 수 있었다. 이를 바탕으로 주요 소재들의 의미를 정리하고 인물의 감정변화를 도식화해 ppt 자료를 만들었고, 이를 활용해 수업을 진행하였더니 친구들이 작품의 주제를 쉽게 찾아내었다. 이 수업으로 전체적인 내용을 먼저 제대로 안 뒤에 세부적인 내용으로 들어가 공부했을 때 핵심에 더 잘 다가갈 수 있다는 것을 알게 되었다.

이 학생의 경우에서 보면, 이 수업은 매우 유용함을 넘어서서 탁월함까지 갖추었다. 이 학생의 예만 보면, 이 수업은 자랑할 만한 수업이었고 실제로 자랑하고 다니기도 하였다.

그러나 학기 말에 아이들에게 무기명의 피드백 설문지를 받아 보면서, 그 탁월한 수업이 대다수의 다른 아이들에게도 똑같이 적용되는 것이 아니라는 사실을 깨달았다. 모둠의 리더였던 소수만 제외하고 대다수의 학생들이 이런 글들을 쏟아 내었다.

"저는 사실, 무엇을 했는지 잘 모르겠어요."

"이끔이가 하라고 한 것만 했어요."

"별로 한 것이 없어요."

"그냥 구경만 한 것 같아요."

"힘들었어요."

대다수 학생들에게는 그리 유용하거나 탁월한 수업이 아니었던 것이다.

생각해 보면, 나는 단지 누군가에게 보여주기 위해서 '함께 배우고 탐구하는 시간' 보다는 '소수의 탁월함에 기댄 발표 중심의 수업'에 치중하였던 것이었다. 결국은 우렁각시가 절실하게 필요했다. 자료 조사나 ppt

만들기, 발표 준비 등을 수업 시간에 함께 만들어 가기보다는 방과 후에 소수가 준비하도록 의도한 것이었다. 그 우렁각시들은 결코 실망시키지 않는다. 대 활약을 해 주었고, 내 수업도 그들에 의해 빛이 날 수 있었던 것이다. 그런데, 정작 '내 교실의 아이들' 대다수는 제대로 탐구하고 배우지 못했다. 그저 탁월한 아이들의 그럴듯한 성과물 발표에 의한 칭찬에만 만족하고 있었던 것이다.

수업의 가치가 무엇일까를 좀 더 진지하게 생각해 보아야 했다. 아무리 유치하고 더디더라도 다수의 아이들이 잘 배울 수 있도록 디자인했어야 했다. 그것이 진정한 프로젝트 수업의 기본 태도인 '스스로 계획하고, 스스로 경험하고, 스스로 표현하는' 것이라는 사실을 알지 못했던 것이다.

무지를 깨달았을 때, 혼란이 온다. 그리고 그 혼란은 고민으로 이어진다. 중요한 것은 그 고민은 반성을 통한 변화를 모색해야 한다는 것이다. 오랜 시간을 고민하고 반성했던 것 같다. 그 고민과 반성이 나의 수업을 바꾸는 데에도 큰 힘이 되었던 것은 다행이다. 이후 이런 종류의 프로젝트 수업은 계속하였지만, 그 방식을 다음과 같이 바꾸게 되었다.

- 유치하고 더디더라도 수업 시간의 대부분을 경험하고 탐구하는 시간으로 한다.
- 소수의 학생이 독자적으로 앞서가지 않도록 하고, 그럴 경우 더디게 가도록 한다.
- 혼자 앞서가지 않고, 다른 친구들의 탐구활동 과정을 도와주도록 한다.
- 성과물은 반드시 모두 함께 만들어야 하며, 억지로 만들지 않아도 된다.
- 대다수 학생들이 과제를 힘들어 할 경우, 목표를 낮추어 주는 것을 주저하지 않는다.
- 때로는 실패하거나 멈추더라도, 경험과 과정을 가장 중요시한다.

이렇게 수업 방식을 바꾸자 대다수 학생들의 피드백이 완전히 달라졌다.

"이 부분까지는 저도 잘 이해가 되었어요."

"저 부분은 제가 한 것이에요."

"힘들었지만, 함께 할 수 있어서 좋았어요."

"스스로 경험해 보니까, 잘 알 수가 있었어요."

요즘 누군가의 프로젝트 수업에서의 성과물을 크게 자랑하는 것을 보게 된다. 분명 프로젝트 수업은 좋은 수업 방법이다. 그런데 프로젝트 수업의 본질은 탁월한 성과물을 내놓는 것이 아니라, '스스로 계획하고 실행하고 성찰하는' 학생들의 자기 학습 주도권이고 경험이고 탐구하여 배우는 것임을 잊지 않았으면 싶다.

나. 누가 무엇을 배우느냐에 따라 어떻게 배우느냐를 결정하다

'어떻게 배우느냐?' 보다 중요한 것은 '무엇을 배우느냐?' 이다. 더 나아가 '누가 무엇을 왜 배우느냐?' 이다. 그것이 결정되면 자연스럽게 '어떻게 배울 것인가' 가 결정된다고 본다. 그런데 '어떻게 배울 것인가' 를 고정해 놓고, '무엇' 을 배우게 하면, 종종 학생의 실제 배움과는 거리가 멀어지게 된다. 그런데도, 우리는 한 가지 수업 방법에 매몰되어 교조화하는 잘못을 저지르곤 한다. 누군가는 그 한 가지 방법을 또 다른 누군가에게 강요하기도 한다. 누군가는 '거꾸로 수업' 만 하고, 누군가는 '강의식 수업' 만 하고, 누군가는 '하브루타 수업' 만 한다. 그것은 결코 바람직하지 않다.

토론수업의 대가로 알려진 김 선생의 "이름 수식하여 말하기" 수업을 참관하러 갔다. 토론수업인줄 알았는데, 놀랍게도 1시간 내내 정말 "네 이름이 뭐니?"에 답하기, 그 이름자 앞에 형용사 두 개를 붙여서 "~하고 ~한 ○○○"이라고 말하기, 그리고 그 이유를 말하기가 전부였던 수업이었다. 고등학교 1학년 학생들 대상으로 하는 수업이라고 보기에 유치했을 뿐만 아니라, 토론수업의 대가인 김 선생의 수업이라고는 상상하기가 힘들었다.

수업이 끝난 후, 수업 나눔 시간에 김 선생은 차분한 목소리로 이 수업을 하게 된 이유에 대해 이렇게 말을 했다.

"이 학교에 처음 왔을 때, 내가 좋아하고 잘하는 토론수업을 곧이곧대로 진행하였지요. 그런데 대다수의 아이들은 참여하지 않았어요. 아이들 탓도 하고, 아이들에게 화도 내고. 그러다가 이런 생각을 하였지요. 아이들이 잘 따라오지 못하는 이 수업을 굳이 해야만 하는가? 나는 그저 그럴듯하게 보여지는 수업을 하고 싶었던 것은 아닐까? 그러면서, 이 아이들에게 조금이라도 도움이 될 수 있는 수업을 조금이라도 하고 싶었습니다. 오늘 제가 보여드린 수업은 그런 수업 중 하나입니다. 저도 그렇고 선생님들도 함께 고민해 보시자는 의미에서 이 수업을 보여드렸습니다."

어떤 수업이 좋은 수업인지에 대해서는 정답이 없다. 단지, 김 교사는 "나와 마주하고 있는 아이들이 누구이고, 그들이 무엇을 배워야 하는지"에 대해 진지하게 고민한 것으로 보인다. 가장 좋은 수업이 결코 가장 좋은 방법이 아니라, 그 아이들이 가장 잘 배울 수 있는 방법인 것이라는 것이다. 그것이 서당식 수업이든, 강의식이든, 토론이든, 첨단 도구를 활용한 소위 미래형 수업이든…. 그 아이들이 어떤 상황에 놓여 있고, 그 상황에서 무엇을 배우느냐에 따라 수업 방법은 천차만별로 달라져야 한다는 것이다.

교사는 한 가지의 수업 방법에 매몰되어서는 안 된다. 자신이 좋아하는 한 가지 수업 방법을 아이들에게 강요해서도 안 된다. 교육청 등에서 정책적으로 한 가지 수업 방법을 강요해서도 안 된다. 그런데 우리는 교육감이 바뀔 때마다, 담당 장학사 등이 바뀔 때마다 그들의 구호와 같은 수업 방법을 강요받기도 한 불쾌한 경험을 가지고 있다. 그러다가 그것은 낡은 유행이 되어 사라져 버리고, 또 다른 구호가 등장하곤 한다. 꽤 오래 전 이야기이지만, "혁신학교에서는 학습자 조직 형태를 다 'ㄷ자 형태'로 놓고 협동학습 내지는 토론학습만 해야 한다"고 주장하던 분도 있었다. 물론 학습자 중심의 수업을 해야 한다는 의미의 좋은 제안이었을 것이다. 그러나 이를 모든 수업의 모든 학생들에게 일률적으로 적용할 수 있는 것은 아니다. 교육은 더군다나 수업은 결코 구호도 유행도 아니어야 한다. 오히려 그럴 경우 누군가에게는 가장 나쁜 수업 방법이 될 수 있다는 사실을 잊어서는 안 될 것이다.

오히려 다양한 수업 방법을 익혀 두고, '누가 무엇을 배우느냐'에 따라 선택하고 섞고 변형하는 융통성이 필요하다. 이는 우리가 먹어야 할 요리와 그것의 레시피와 같은 것이다. 요리를 만드는 동안 도구적 재미나 정서적 재미는 있을 수 있다. 그러나 그것은 먹어야 할 요리라는 인지적 배움을 위한 효과적이고 절차적이고 부수적인 방법일 뿐인 것이다.

이러한 수업의 레시피는 이미 오래전부터 존재하여 왔고, 시대마다 모양과 방식을 바꾸어 오면서, 우리 교사들이 활용해 온 것이다. 그것을 나름대로 정리해 보면 [그림 4-2]와 같다.[29]

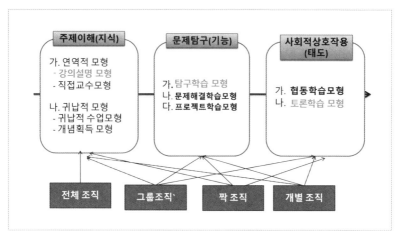

[그림 4-2] 교육과정에 따른 수업 모형과 학습자 조직

　주제를 이해시키는 수업을 할 때에는 강의식 수업이 유용하다. 학교라는 것이 존재하면서부터 가장 오랜 시간동안 유지되어 왔던 교수학습 방법이다. 그런데 누군가는 강의식 수업을 버려야 한다고 강변한다. 그러나 강의식 수업을 일방적으로 터부시하거나 탈피해야 될 대상이라고 생각해서는 안 된다. 마이클 센델 교수의 『정의란 무엇인가?』를 강의하는 동영상을 보면, 강당에서 수백 명의 학생을 대상으로 훌륭한 강의식 수업을 하고 있다는 것을 알 수 있다. 강의식 수업을 하는 것이 문제가 아니라, 모든 수업을 강의식으로만 한다는 것에 있는 것일 뿐이다. 문제를 탐구할 때에는 문제해결학습이나 탐구학습 모형을, 사회적 작용에 의한 태도나 가치

29　각종 수업모형이론을 바탕으로 이명섭이 재구조화함.

를 중요시하는 수업을 할 때는 협력학습이나 토론학습 모형을 사용하는 것이 유용하기 때문이다. 마찬가지로 누군가가 모든 수업을 토론학습 모형만 사용하고 있다면, 이 또한 큰 잘못을 저지르고 있는 것이다.

결국 아이들이 무엇을 왜 배우는지, 잘 배울 수 있는 방법이 무엇인지를 고민하고 거기에 맞추어야 한다는 것이다. 즉 '왜 누가 무엇을 배우느냐?'에 의해 수업 방법을 달리해야 한다는 것이다. 여기에는 당연히 그것을 고민하는 교사의 의도와 철학이 담겨 있어야 할 것이다. 그리고 '무엇을 어떻게 평가하고 기록할 것인가?'를 결정해야 하는 것이다. 그것이 '교육과정-수업-평가-기록의 일체화'를 디자인하는 가장 기본적인 방식인 것이다. 다시금 그 디자인의 절차를 분명히 밝혀 놓고자 한다.

• **왜 배우는가?** - 교육의 목적, 수업의 목적에 대한 교사의 철학 세우기

⬇

• **무엇을 배우는가?** - 교육과정 읽기와 쓰기를 통한 교사 교육과정 디자인하기

⬇

• **어떻게 배우는가?** - 재구성한 교육과정에 가장 적합한 수업 방법 선택하기

⬇

• **무엇을 어떻게 평가하고 기록할 것인가?** - 수업을 피드백하고 기록하기

다. 3단계로 수업을 고민하다

그런데 우리는 여전히 수업은 정답이 있어야 한다는 딜레마에서 벗어나지 못하고 있다. 그러나 실제 우리가 여는 많은 교실 수업은 정답과 거리가 먼, 틀리기 십상이고 혼란스러운 수업이다. 그러다 보니 우리는 정답이 아닌 수업을 여는 것을 두려워한다. 결국 수업은 비밀스럽게 사유화되고 빗장이 걸려 쉽게 열리지 않는다. 그 속에서 우리는 자신만의 왕국에 갇혀 살기도 한다. 그런데 그 왕국에는 추종자가 반드시 있다. 우리는 때때로 그 추종자의 달콤한 피드백 속에 갇혀 살기도 한다. 또 누군가는 수업기술자가 되어, 늘 화려한 수업과 새롭고 흥미로운 수업만을 계속 추구하기도 한다.

그러나 어떤 수업 방법도 정답이 될 수 없듯이, 모든 수업이 다 해답일 수 있다. 그것은 수업의 진정성과 관련이 있다고 본다. 즉 우리가 마주한

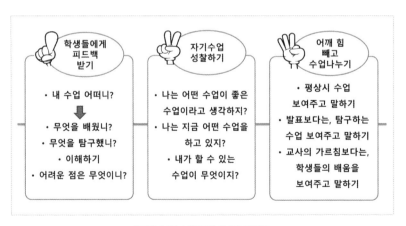

[그림 4-3] 수업 고민의 3단계 담론

아이들의 배움을 고민하고 그들과 관계 맺고 그들을 경험하게 해 주려고 노력하는 모든 진정성있는 애씀이 결국 수업의 해답이 될 수 있다는 것이다. 그런 의미에서 [그림 4-3]와 같이 3단계로 수업을 고민하고 공유하기를 제안한다.

우선 아이들에게 항상 피드백을 받아야 한다. 그것이 내 수업을 성찰하거나 개선하는 기본 데이터가 되어야 한다. 흔히 '내 수업이 좋았는지'를 물어보지만, 이것은 크게 의미가 없다. 이렇게 묻게 되면, 항상 교사는 추종자들의 찬사에 만족하고, 본인이 수업을 꽤 잘하고 있다고 착각하기 쉽다. 배우는 학생들의 입장에서 '무엇이 어렵고 이해하기 어려웠는지?'를 물어보아야 한다. 그러면, 아이들은 수업에서 본인의 배움에 대해 스스로 성찰하게 되고, 반대로 교사는 수업 시간에 무엇이 부족했고, 어떻게 개선해 나가야 하는지를 함께 성찰할 수 있을 것이다. 이때 스스로 다음 질문에 답하면서 성찰해 보는 것이다.

- 나는 어떤 수업이 좋은 수업이라고 생각하지? (수업의 목표)
- 나는 지금 어떤 수업을 하고 있지? (현실적 수업)
- 내가 할 수 있는 수업이 무엇이지? (가능성있는 수업)

이러한 성찰은 자신의 수업이 항상 실패한다는 것을 깨닫게 한다. 그래서 늘 수업을 고민할 수밖에 없는 것이 교사의 숙명이라고 생각하게 하는 것이다.

이런 수업 고민은 홀로 해결하기에는 역부족이다. 그 고민을 동료 교사들과 함께 나누어야 한다. 당연히 집단적인 고민과 성찰이 필요하다. 교사 수업의 질은 결코 교사의 질을 넘을 수가 없는 것이 아니라, 교사 협력의 질을 결코 넘을 수 없는 것이다. 그래서 수업 공개와 나눔이 필요하다. 그런데 우리는 수업 공개와 나눔에 대해 두려움을 가지고 있다. 수업 공개가 곧 자신의 수업에 대한 평가라고 생각하는 경향이 크기 때문이고, 우수한 수업을 보여주어야 한다는 강박관념이 강하기 때문이다.

　이런 수업 공개와 나눔은 안하는 것이 오히려 낫다. 교사들의 수업에 대한 딜레마와 부담만 더 크게 만들기 때문이다. 이런 형식적인 수업 공개에 대한 편견에서 빨리 벗어나야 한다. 어깨에 힘 빼고 평상시의 수업을 보여주고, 보고, 함께 수업의 문제점을 고민하는 자세로 바꾸어야 한다. 그러기 위해서는 발표 중심의 수업보다는, 아이들이 탐구하는 수업을 보여주어야 한다. 교사의 가르침이 얼마나 탁월한가, 얼마나 흥미로운 도구들을 사용하고 있는가를 보여주기보다, 학생들이 어떻게 배우는지, 어느 지점에서 어려워하는지를 보여주어야 한다. 그래야 수업 나눔을 할 때, 자랑질 또는 입에 발린 칭찬이나 한두 마디의 비판이 아니라 진정성 있고 동료애가 있는 수업 고민을 함께 나눌 수 있는 것이다.

　　수학 교사 A는 항상 강의식으로 문제 풀이 중심의 수업을 한다. 학생들은 '지루하다', '잠이 쏟아진다', '너무 어렵다'는 수업에 대한 피드백을 내놓았다. A교사는 자기 수업이 학생과 소통하지 않고 일방적이라는 사실에 대해 고민하고, 다른 수학 교사인 B의 수업을 참관한다. B교사의 수업은 강의보다는 학생들끼리 가르치고 배우는 협력학습이 위주이다. 수업이 끝난 후 두 교사는 서로의 수업에 대해 깊이 있는 고민들을 털어 놓는다.[30]

이 사례에서, A교사가 B교사에 비해 수업을 못한다고 생각해서는 안 된다. 물론 A교사는 일방적인 강의가 많아 학생들이 지루해 하고 있어서, 학생들의 참여도가 높은 B교사의 수업을 참관했을 것이다. 그러나 B교사의 입장에서는 참여도는 높으나 산만하거나 오류를 수정할 기회가 적은 수업에 대해 고민하고 있었을 것이다. 두 교사는 단지 자신의 수업을 진지하게 고민하는 사람들인 것이다. 그것을 수업 나눔을 통해 서로 성찰하게 된다. 이것이 진정한 수업 공개이고, 나눔이라고 본다.

라. 어깨에 힘 빼고, 수업을 나누고 성찰하다

수업 공개가 탁월한 수업을 보여주고, 자랑하거나 누군가는 주눅이 들 수밖에 없는 것이 되어서는 안 된다. 자기 수업의 고민을 보여주고 보고 함께 나누는 진정한 성찰의 장이 되어야 한다. 그러기 위해서 준비된 수업보다는 평상시 수업으로, 나의 수업 기술을 자랑하는 시간보다는 학생들의 탐구와 배움의 과정을 보여주는 수업으로, 수업의 잘잘못을 이야기하는 나눔보다는 수업자와 참관자의 고민을 함께 나누는 시간으로 바꾸어야 한다.

수석교사로 근무하면서, 모범 수업이라는 이름으로 탁월하다고 생각되는 수업을 만들어서 공개를 많이 했던 것 같다. 수업을 참관했던 교사들은

---

30 EBS 다큐 〈학교의 기적〉(2015)에서 인용함.

그 탁월함에 대단하다고 칭찬을 해 주었지만, 대부분은 그 수업을 따라 하지 않았다. 어떤 교사는 "정말 좋은 수업을 보았어요. 그런데 수석선생님이니까 가능한 것이지요. 할 일이 많은 저는 하기가 어려워요"라고 말하는 것도 듣기도 하였다. 그러다가 최근 몇 년간은 평상시 수업 그대로를 열어 보았다. 누군가는 수석교사로서의 탁월한 수업을 보지 못해서 실망스럽다고도 하였지만, 대부분의 교사들은 평상시 자신의 수업 고민과 맞닿아 있어서 편안하게 볼 수 있었다고 말을 해 주었다. 그러면서 자신들의 수업 공개도 부담감 없이 평소의 수업을 그대로 열기 시작하였다. 수업 나눔도 수업의 탁월성을 이야기 하는 것이 아니라, '왜 수업이 어려운지', '어떤 부분에서 문제가 생기는지', '왜 아이들이 힘들어 하는지'에 대해 이야기하기 시작하였다. 그러면서 '우리의 수업 고민이 서로 다르지 않구나' 라는 동료애와 연민의 정도 생겼다. 함께 우리의 솔직한 수업 고민에 대해 깊이 있는 이야기가 가능해진 것이다. 다음은 이러한 수업 공개와 나눔에 대한 자료이다.

1. 수업방법이 아니라, 수업자 내면의 삶을 나눕니다.

2. 나의 틀을 내려놓고, 수업자의 시선으로 갑니다.

3. '너'의 수업이 아니라, '우리'의 수업 이야기를 함께 나눕니다.

4. 수업자를 평가하지 않고, 수업자의 삶을 격려 지지합니다.

5. 수업자를 가르치는 것이 아니라 수업자가 성찰하도록 돕습니다.

6. 수업의 빠른 변화가 아니라 수업의 꾸준한 성장이 목적입니다.

7. 수업자를 앞서가지 않고 수업자와 공감하며 동행합니다.

8. 나의 궁금함을 해결하는 것이 아니라, 수업자의 고민에 머무릅니다.

9. 수업자의 문제를 해결하기보다는 나의 수업을 깊이 성찰하려 합니다.

10. 수업으로 서로를 위로하며 수업공동체를 만들기 위해 노력합니다.[31]

수업 과정안도 형식적이지 않게 한 쪽 정도로 성취기준과 수업의 의도와 흐름을 간단하게 적도록 하였다. 수업 참관록도 가급적 자유롭게 기술하면서, 배운 점과 본인이 나누고 싶은 이야기를 중심으로 쓰도록 하였다.

공개 수업이 끝난 후, 가급적 바로 수업 나눔을 하려고 애를 썼지만 실제로 그리하기가 쉽지 않았다. 어떤 경우에는 몇 사람의 수업을 서로 보고 나서 묶기도 하였고, 교과별로 공개 수업을 한 후 교과 전체 교사들과 함께 수업 나누기도 하였다. 수업을 나눔할 때는 대체로 다음과 같은 절차로 진행하였는데, 특히 수업 교사의 수업 의도를 듣는 것으로 시작하여 그 고민을 확장하는 데에 많은 시간을 할애하였다.

[표 4-1] 수업 나눔의 절차[32]

단계	내용
수업교사 수업 소개	수업의 주제와 의도, 수업 전, 수업 중, 수업 후의 간략한 느낌 말하기
수업교사 장점 나누기	돌아가면서…. 수업교사의 장점을 한 문장으로 말해 주기
수업에서 관찰한 사실 나누기	누가 – 교사 및 학생간의관계와 소통 왜 – 수업의도, 수업방향, 수업 철학 무엇–수업 내용 어떻게 – 수업 방법, 학습자 조직
수업에서 내가 배운 것 나누기	이번 수업에서 배운 것과 내 수업의 성찰

---

31 김효수 외(2018). 『나와 공동체를 세우는 수업 나눔』, 좋은 교사

수업 공개와 수업 나눔은 혼자가 아닌, '같은 아이들을 마주하고 있는 우리들'의 공동체적인 수업 개선에 큰 힘이 되었던 것 역시 사실이다. 이런 과정을 통해서 우리의 수업은 다음과 같은 바람직한 방향으로 조금씩 발전해 나갈 것으로 믿었다.

<교사의 입장에서 본 수업의 방향>
－ 이끔이 아니라 안내로
－ 스킬 중심의 짧은 수업이 아니라, 긴 호흡의 단계가 있는 수업으로
－ 혼자 하는 수업에서, 협력하는 수업으로

<학생의 입장에서 본 수업의 방향>
－ 스스로 머리가 아파야 하는 것
－ 왕성한 호기심을 불러 일으켜서 인지적 재미로 가는 것
－ 오류를 통해 지속적으로 탐구하는 것

　결국 수업은 교사가 일방적으로 하거나, 아이들만 활동시키는 수업이 되어서는 안 된다는 사실도 알게 되었다. 수업은 교사와 학생이 함께 만들어 가야 하는 것이다. 충분한 교사의 설명과 시범이 있어야 하고, 그보다 더 충분하고 확실한 학생의 연습과 경험이 필요하며, 반드시 피드백을 통해 학습과 경험을 정리하는 시간이 함께 존재해야 하는 것이다. 밥 바이크

32　'김명숙 외(2017).『수업고민, 비우고 담다』(맘에 드림)을 참고하여 재구성함.

의 창의적 교수법 모형이 그것을 잘 보여 주고 있다. 이 모형은 우리의 고전적 배움관인 '가르치고(敎), 배우고(學), 익히는(習)'의 과정을 충실히 이행해 가는 것과 다르지 않다. 다만, 그 정도는 학습자와 교수자, 그리고 학습 환경에 따라 적절히 조절하는 것이 다를 뿐이다.

다시 언급하지만, 수업에는 분명 정답이 없다. 따라서 우리는 수업정답 딜레마에서 벗어나야 한다. 모든 수업은 '나와 마주하고 있는 아이들이 누구냐'를 기반으로 하고 교사의 의도와 철학에 의해 재구성된 교육과정(성취기준)에 따라 선택되고 구성되고 변형되는 진정성을 가져야 한다. 수업은 '보여주기'가 아니라, 아이들이 '보고 느끼고 경험하고 익혀야 할' 배움의 과정이기 때문이다.

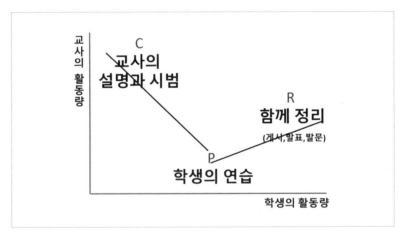

[그림 4-4] 밥 바이크의 창의적 교수법에서의 수업 활동[33]

33　밥 바이크 지음, 김경섭, 유재필 공역(2004), 『밥 바이크의 창의적 교수법』, 김영사

마. 행사를 수업과 연계하다.

행사라는 교육활동은 흔히 방과 후에 하거나, 일과 중이라 하더라도 별도의 교육과정으로 편성하여 일회적인 이벤트로 그치게 되는 경우가 많다. 참여하는 학생들도 소수일 경우가 많다. 교사들도 수업 외 행사로 인하여 해야 할 업무의 양이 증가하게 된다. 이제 이를 수업과 연계하거나 수업의 한 부분으로 구성하는 방안은 없을까?

성취기준 중심의 수업을 하다 보면, 자연스럽게 '안다'와 '한다'를 모두 수업 시간에 해야 한다는 사실을 깨닫게 된다. 즉 '안다'만 수업 시간에 하고, '한다'를 수업 외 행사로 별도로 치르던 학교 교육 활동의 관행을 바꿀 수 있는 계기가 된다는 것이다.

국어과를 예를 들면, 백일장이나 토론대회, 문학 기행, 문학 콘서트, 작가 초청 강연회 등의 행사는 실은 수업 시간에 학생들이 쓰기나 창작 활동, 말하기와 표현활동, 재구성 활동 등과 다르지 않은 것이다. 결국 이러한 행사들은 수업 시간으로 가져올 수 있다는 생각이 든다. 즉 수업 행사 또는 수업 연계 행사로 지속적인 반복과 심화, 체험으로 깊이가 있는 학습이 가능하도록 만들자는 것이다.

2014년도부터 국어과 교사들이 함께 성취기준 중심의 한 학기 수업을 계획하는 과정에서 생뚱맞은 백일장, 토론 대회, 문학의 밤, 문학 기행 등의 행사도 수업 시간에 할 수 있다는 의견 일치를 보게 되었다. 즉 '수업 = 행사'로 일체화시켜 보자는 것이었다. 그렇게 하여서 1학기에는 17차시짜리 '작가 만나기 수업'을 기획하게 되었다. 한 작가를 정하고, 작품을 읽으며 나 성찰하기와 너 이해하기를 거쳐, 창작하기, 그리고 재구성하여 시 낭송회 하기, 탐구 보고서 쓰기와 작가 초청 강연회를 하면서 학생들이 반복하면서 심화 학습할 수 있도록 설계하였던 것이다.

2018년도에는 그 수업의 마지막 단계로 정호승 시인을 초청하였다. 당일 2시간을 모두 국어로 재편성하였고, 1학년 모든 학생들은 강당에서 반원의 형태로 앉고, 수업 진행 역시 학생들이 맡도록 하였다. 그동안 수업 시간에 읽었던, 시인의 시에 대한 자신의 성찰과 타인에 대한 이해, 그리고 작품에 대한 공감과 의문 등에 대해 이야기하고 질의—응답하는 방식으로 수업 행사를 진행해 나갔던 것이다. 그리고 그들이 수업 시간에 만들어낸 '작가에게 보내는 시엽서'를 낭송하고 함께 하는 시간으로 이어갔다. 뜬금없이 작가를 초정한 것이 아니다. 거의 한 학기 동안 학생들은 그 작가의 작품을 단계적으로 공부하고 성찰해 왔기에, 시의 세계에 대한 자신의 경험과 감상을 자유롭게 쏟아내는 방점과도 같은 수업이 가능했던 것이다.

[그림 4-5] 2018년 작가 만나기 수업 중 정호승 작가 초청 수업 모습

이후, 작가 만나기 수업은 학생들의 요청과 교사들의 협의에 의해 윤동주, 나태주, 황순원 등 다양한 작가로 확대해 가면서 실시하였고, 항상 그 마무리 수업으로 작가 초청, 문학관 방문, 문학 탐구 보고하기 등을 행사 수업으로 진행하였다. 교육과정과 수업과 행사가 각기 분절되어, 학생들의 경험도 분절되는 것은 결코 바람직하지 않다고 본다. 이들을 보다 유기적으로 연계시키거나 일체화시켜서, 학생들은 반복되고 심화된 경험과 배움을 이어가고 결국은 내면화되기를 기대하는 것이다.

2. 평가는 어떻게 해야 하나?

✳

가. '다시 되묻기'를 평가의 원칙으로 세우다

우리나라에서는 시험에서 좋은 점수를 잘 받기 위해 공부하는 경향이 강하다. 그래서 평가에서 가장 중요한 것은 공정한 변별을 위한 객관성을 확보하는 것이라 생각한다. 거대 담론 상으로만 절대 평가이고 성장 중심의 평가를 표방하고 있으나, 현실적으로는 타인과의 비교를 통한 변별과 그 변별을 확고히 해 줄 공정성에만 관심이 클 수밖에 없는 것이다. 특히 고등학교 현장에서는 평가에 대하여 다음과 같이 해석하는 경향이 강하다.

- 1등급을 만들어 내야 한다. 그러기 위해서는 시험문제가 어려워야 한다.
- 서술형이나 논술형 시험문제는 채점의 객관성이 떨어진다. 따라서 선다형을 선호한다.
- 선다형 문제는 그럴듯한 오답을 만들어 내야 한다. 함정을 만드는 것이 중요하다.

- 시험문제를 내기 위해서라도 수업 시간에 많은 양의 내용을 가르쳐야만 한다.

 이러한 생각이 강하면 강할수록 평가의 타당성, 즉 '배운 것을 제대로 측정했는가?'를 덜 고민하게 된다. 평가의 변별성에 대한 집착이 강하다 보니, 오히려 배운 것에 해당되는 교육과정이나 수업이 평가 그 자체에 종속되는, 때로는 수업과는 관련이 없는 평가 자체를 중시하는 오류까지 생긴다. 이런 구조에서는 오로지 승자만이 평가에 성공하여 독식하는 모양새가 되고, 대부분의 아이들은 '학업 실패', 또는 '학업 좌절'이라는 낙오자가 되어 학업 자체를 포기하는 경향까지 생기는 것이다.

 이것은 평가의 원래 목적이 아니다. 평가는 승자만을 가려내기 위한 선발적 기능을 넘어서야 한다. 승자와 패자가 모두 공존하는 목표 중심의 평가로 나아가야 하고, 궁극적으로는 모두가 승자가 되는 성장 중심의 평가를 지향해야 한다.

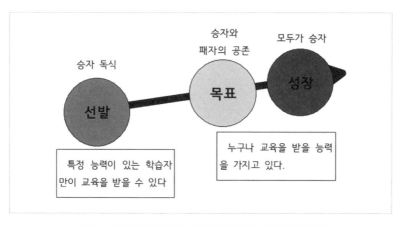

[그림 4-6] 선발중심의 평가, 목표중심의 평가, 성장 중심의 평가

이러한 성장 중심의 평가에는 다음과 같은 원칙이 따라야 한다고 본다.

첫째, 모든 학습자가 평가를 통해 성장할 수 있다는 믿음을 가져야 한다.

둘째, 학습을 위한 평가와 학습으로서의 평가가 되어야 한다.

셋째, 일회적이고 단면적 평가가 아닌, 지속적이고 다각화된 평가가 되어야 한다.

넷째, 객관적이고 실증적 평가보다는 해석적이고 내용 분석적인 평가가 되어야 한다.

다섯째, 학생의 학습이나 경험과 분리되어서는 안 된다.

여섯째, 평가과정에서 학습자의 참여, 즉 자기평가나 동료평가가 있어야 한다.

가장 중요한 것은 평가에서 배운 것을 그대로 측정해야 한다는 원칙이 지켜져야 한다는 것이다. 즉, '배울 것을 제대로 잘 배운 것인가?' 를 되물어 피드백을 주는 것이 진정한 평가인 것이다. 따라서 교사가 내 교실의 아이들을 가르치기 위해 재구성한 성취기준을, 그대로 질문의 형태로 되묻는 것이 평가의 기본이 되어야 한다. 2015 개정교육과정 12학년 문학 과목의 예를 들어 보자[표4-2].

[표 4-2] 문학 평가 기준 만들기의 예

기본 성취기준: [번호]성취기준	성취기준 재구성 (무엇을 배울 것인가?)	평가 (무엇을 어떻게 평가할 것인가?)
[12문학02-01] 문학 작품은 내용과 형식이 긴밀하게 연관되어 이루어짐을 이해하고 작품을 감상한다. [12문학02-02] 작품을 작가, 사회·문화적 배경, 상호 텍스트성 등 다양한 맥락에서 이해하고 감상한다. [12문학02-06] 다양한 매체로 구현된 작품의 창의적 표현 방법과 심미적 가치를 문학적 관점에서 수용하고 소통한다. [12문학02-03] 문학과 인접 분야의 관계를 바탕으로 작품을 이해하고 감상하며 평가한다.	시의 형상화 방법을 이해하고, 화자의 시적 상황, 정서, 주제, 심상과 표현기법을 중심으로 작품을 비교하며 감상한다.	<지필> – 시의 정의와 특성을 이해하고, 세 편의 시를 읽고, 시적 화자와 시적 상황, 대상 정서와 태도, 주제와 심상, 표현 방법에 대해 알고 있는가? <수행> 두 편의 시 중 하나를 선택하여, 시적 상황, 정서, 주제, 자신의 경험에 맞게 변형한 후, 모방하는 시를 작성할 수 있는가?(10점) 1. 선택한 시의 형상화 방법을 정확하게 알고 있는가? 2. 자신의 경험을 잘 표현하고 있는가? 3. 심상과 표현기법과 정서는 일치하고 있는가? 4. 시적 상황과 주제가 주체적으로 잘 변형되고 있는가?

    원래의 성취기준을 '시의 형상화 방법에 대한 이해', '화자의 시적 상황, 정서, 주제, 심상, 표현기법에 대해 작품 비교를 통해 감상하기'로 재구성하였다. 이 중에서 '형상화 방법, 시적 상황, 정서, 주제, 심상과 표현기법'의 지식적 요소에 대해서는 '알고 있는가?'라는 질문으로 바꾸어서 지필평가의 요소로 만들었다. 그리고 그 '지식적 요소들을 바탕으로 자신의 경험에 맞게 시를 변형할 수 있는가?'라는 질문으로 바꾸어 수행평가

의 요소로 설계하였음을 알 수가 있다.

　오로지 변별을 위한 평가에 집착하여, 배운 것과 다른 평가를 하지 않도록 노력하는 것이 중요하다. 그러기 위해서는 성취기준 자체를 질문으로 바꾸어 피드백 하는 기본적인 작업에 충실히 하고자 하였다. 수업과 별개로 평가기준을 만드는 '평가만 따로 하는' 일이 없어야 하기 때문이다.

나. 변별과 피드백 사이에서 고민하다

　학습으로서의 평가, 학습을 위한 평가, 성장을 위한 피드백 평가는 가능할까?

　"평가는 공부의 끝이 아니라, 다시금 시작이다. 즉 진짜 공부는 틀리는 것을 아는 것부터 시작해야 한다"라는 믿음을 가지고, 2015년부터 본격적으로 호기롭게 과정중심 평가, 성장 중심 평가를 수행평가에 적용하려고 애를 써 보았다. 그러나 학생들에게 수행평가 점수를 발표하자, 바로 이의제기가 빗발쳤다.

　"선생님, 여기서 점수를 깎은 이유가 무엇인가요?"
　"객관적인 근거가 무엇인가요?"
　"내가 애보다는 잘했다고 생각해요. 근데 쌤이 둘의 점수를 바꾸어 놓았어요."

　왜 이런 일이 벌어지게 되었을까? 학습을 위한 평가나 학습으로서의 평가로 설계하였다 하더라도, 수행평가도 결과적으로 변별하여 점수로 낼 수밖에 없는 구조이기 때문이었다. '학습 결과로서의 평가'는 결코 '학습으로서의 평가'와 함께 존재할 수 없다는 사실을 잘 알지 못했던 것이다. 피드백 평가를 제대로 하려면 학생의 수행 중 현재의 학습 상황을 진단을 해야 한다. 그리고 진단 결과 문제가 있다고 판단되면 즉시 그 자리에서 피드백을 주어야 한다. 그런데 이는 점수로 환원되어야 하는 현실에서는 가능한 일이 아니다. 평가를 받는 중에 교사나 친구가 즉시적 피드백을 줄 경우, 누군가가 공정하지 못하다고 이의제기를 할 것이기 때문이다.

아무리 훌륭한 피드백 평가를 설계하였다 하더라도, 점수로 환원되는 순간 결국 모양새만 그럴듯한, 그러나 엄정한 변별 평가로 귀결되는 것이다. 그래서 같은 시간을 주고 아무것도 보게 하거나 말해 주지 않고, 오로지 혼자의 힘으로만 해야 한다. 그것은 피드백 평가가 결코 아닌 것이다.

고민 끝에 내린 결론은 현실과의 적절한 타협이었다. 변별로 갈 수밖에

[표 4-3] 학습결과의 평가, 학습을 위한 평가, 학습으로서의 평가

	학습 결과의 평가	학습을 위한 평가	학습으로서의 평가
목적	배치, 진급, 자격 부여 등의 판단을 위한 정보 제공	교사의 교수적 판단을 위한 정보 제공	학생의 자기 점검, 자기 평가를 위한 자료 제공
방법	다른 학생과의 상대적 비교	성취기준의 도달	학생 개별 목표와 성취기준 도달
주체	교사	교사	학생
특징	지연된 피드백, 요약적 판단, 시간 엄수	즉시적 피드백, 진단적	즉시적 피드백, 진단적

없는 평가와 온전히 피드백을 위한 평가를 완전히 분리하기로 한 것이었다. 우선, 아이들을 사전에 설득하였다.

　"애들아, 너희들에게 성적이 중요하다는 것 알아. 그래서 지필은 변별이 잘 되도록 출제할게. 수행평가도 변별이 잘 될 수 있도록 확실하고 객관적인 평가척도를 마련하도록 할게. 다만, 10점 정도만 나에게 줄 수 있을까? 이 10점만큼은 변별하지 않고, 피드백용으로 사용하고 싶어. 특히, 수업 시간에 '말하고 – 듣고 – 읽고 – 쓰는' 의사소통 능력을 향상시킬 수 있도록 하고 싶어. 그래서 평가할 때에도 나든 친구든 서로 도와주면서 평가하도록 하였으면 해. 한 번에 안 되면 두 번이나 세 번 해도 되도록 하자. 모든 학생이 10점 만점을 맞는 것을 목표로 하자구나."

　학생들은 의외로 쉽게 동의해 주었다. 그리고 수행평가를 변별 위주와 피드백 위주의 평가로 다시 구분한 후, 피드백 평가의 경우에는 다음과 같은 것이 가능하도록 하였다.

- 시간 유보하기
- 일단 넘어가기
- 몇 번이고 고쳐하기
- 다시 도전하기
- 평가 중에 즉시적인 피드백 주기

　특히 '쓰기'를 어려워하는 아이들이 많았기에, 처음에는 말하기만 하게 하고, 다시 한 문장만 써 보게 하고, 다시 그것을 몇 개의 문장으로 더 늘려

보기도 하고.…. 이런 방법으로 최소 3문단 정도까지 자신의 생각을 표현할 수 있도록 하였다. 어떤 아이는 한 번에 끝내기도 하였지만, 어떤 아이는 일곱 번 넘게 다시 고쳐 쓰기를 하기도 하였다. 점수 부여도 유동적으로 하였다. 어떤 평가 요소에 대한 점수를 상·중·하 각각 3, 2, 1점으로 부여하게 되어 있다면, 학생은 성취도에 따라 처음에는 1점을 받았더라도 나중에 2점, 그리고 다시 3점을 받을 수 있도록 하였다.

시간도 많이 들고, 품도 지나치게 많이 들었다. 한 학생 한 학생마다의 학습 진도를 일일이 체크하고, 때로는 부르기도 하고, 때로는 스스로 찾아오기도 하는 상황의 연속이었기 때문이다. 이 10점짜리 평가 때문에 골머리를 앓았다. 괜히 시작했다는 후회도 했다. 결국 모든 학생들에게 10점을 주지는 못했다. 약 80%의 학생들이 만점을 받았고, 20%의 학생은 끝까지 완수하지는 못하였던 것이다.

그래도 보람은 남았다. 수업 시간 중 쓰기를 너무 힘들어 하던 한 학생이 스스로 일곱 번이나 도전한 끝에 세 문단으로 된 글을 써서 발표하는 모습도 보았고, 비록 한 문장 정도에서 그쳤지만 그것을 뿌듯해 하는 학생의 모습도 보았기 때문이다.

점차 한 뼘만이라도 성장할 수 있도록 기다려 주고 그 성장이 가능하도록 옆에서 도와주면, 아이들은 분명 기대에 부응한다는 믿음이 생겼다. 10점을 20점까지 늘려가는 모험을 감행하기도 하였다. 어느 해인가는 학부모들에게 가정통신문을 보내서 이 평가의 취지와 방법에 대해 설명해 준 적도 있다. 그리하면 의심과 이의제기가 아닌 공감과 신뢰가 생기게 되고, 교사의 평가권도 그만큼 넓어지지 않을까 하는 기대감도 있었던 것 같다. 아울러 평가에 대해서 학생들이나 학부모들과도 허심탄회하게 대화하는 것이 얼마나 중요한 것인지도 알게 되었다.

다. 다시 피드백 평가를 설계하고 실천하다

현실적으로 지필평가에서는, 성장 중심 평가를 표방한 과정 중심의 평가를 하기는 어렵다. 반면에 수행평가는 그 의미 그대로 '학생이 과업을 수행하는 동안에 하는 평가'이므로 그 의미에 충실한 평가를 하고 싶었다. 그래서 다음과 같은 생각을 가지고, 모든수행평가에 적용해 보려고 보다 애를 써 보았다.

첫째, 성취기준 자체를 스토리화한 후 다시 작게 쪼개서 단계별로 평가하기

둘째, 어려운 한 두 개가 아닌, 작은 것으로 자주 여러 번 평가하기

셋째, 수업 진행 중에 쉽게, 수업 활동 자체를 관찰하여 평가하기

넷째, 시도 때도 없이 시험 보는 것이 아닌 수업 그 자체를 그대로 평가하기

다섯째, 2단계(했음, 안했음 등)로 평가한 후, 다시 3단계(상, 중, 하)로 환원하기

여섯째, 숫자만이 아니라 말로 하는 평가(기록)도 함께 하기

이런 생각을 바탕으로, 성취기준을 '지식 평가(아는가?) → 이해 평가(설명할 수 있는가?) → 기능 평가(할 수 있는가?) → 적용 평가(활용하거나 내면화할 수 있는가?)'로 단계별로 작게 쪼개서 평가요소를 만들었다. 그리고 각 평가요소마다 2단계로 평가를 한 후, 이를 다시 상(5), 중(4), 하(3) 3단계로 환원하는 방식을 선택하였다.

<국가 성취기준>

[10국04-01] 국어가 변화하는 실체임을 이해하고 국어생활을 한다.

↓

<재구성한 성취기준>

15세기와 17세기의 자료를 통해 중세국어의 음운·문법·어휘·표기상의 특징을 표의 형태로 탐구하고 현대어와 비교하여, 국어가 변화하는 실체임을 증명한다.

↓

<질문으로 바꾸어 평가 준거 만들기>

15세기와 17세기의 자료를 통해 중세국어의 음운·문법·어휘·표기상의 특징을 표의 형태로 탐구할 수 있는가?

현대어와 비교하여, 국어가 변화하는 실체임을 증명할 수 있는가?

↓

<작게 쪼개어서 평가 요소 만들기>

[표 4-4] 평가 요소 만들기 사례

평가 요소 1. 언어의 역사성에 대해 예를 들어 설명할 수 있는가?	평가 요소 2. 훈민정음의 창제 배경과 원리에 대해 이해하고, 논리적으로 자신의 생각을 담아 발표할 수 있는가?	평가 요소 3. 〈세종어제훈민정음〉,〈소학언해〉,〈기미독립선언서〉를 자료를 통해 현대어로 번역할 수 있는가?	평가 요소 4. 〈세종어제훈민정음〉,〈소학언해〉,〈기미독립선언서〉〈카톡문자〉의 음운, 문법, 어휘, 표기상의 특징을 자료에서 찾고, 이의 의미에 대해 표에 작성하여 발표할 수 있는가?	수행평가 점수 (모두 만족할 경우 5, 3가지 만족할 경우 4, 1~2가지 만족할 경우 3, 기본점수 1)
1	1	1	0	4

　이와 같이 하면, 수업과 별개인 '수업 후 평가'라는 큰 덩어리로 어렵게 평가하지 않아도 된다는 장점이 있다. 교육과정 = 수업 = 평가가 가능하도록 쉽게 수업 시간 중에 수업 자체에 대해서 평가할 수 있다는 것이다.

　그러나 작게 쪼개다 보니 평가의 빈도가 많아지게 되었고, 평가 요소 간에도 분절되는 현상이 나타났다. 보완이 필요하였다. 그래서 여러 개의 성취기준들을 단계별로 스토리화하여 묶은 후에, 다시 작은 참여 과제들로 나누는 방법을 활용해 보았다. 이는 손민호와 조현영이 제안한 통합된 수행 과제의 피드백 설계 방식[34]을 적용해 본 것이었다.

34　손민호, 조현영(2020). 『교육과정과 교육의 과정』, p. 292-293, 학지사

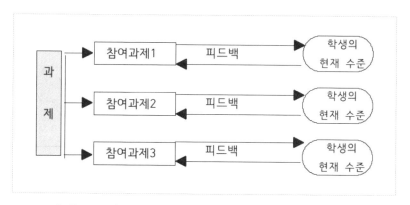

[그림 4-7] 손민호, 조현영이 제안한 통합된 수행과제와 참여 과제 설계 방식

첫째, 평가는 가급적 중장기적 프로젝트로 하나의 완결된 서사를 갖도록 설계되어야 한다.

둘째, 중간과정에서는 평가가 아닌 참여 과제를 설계하여 학습자의 과제 수행 수준과 전개 상황을 보완하기 위한 순수한 피드백 설계가 되어야 한다.

셋째, 과제의 평가는 프로젝트의 마무리 단계에서 이루어지도록 설정한다.

이를 수행평가에 적용하여, 여러 개의 성취기준을 단계별로 스토리 화하여 묶은 후에, 다시 작은 참여 과제들로 나누는 방법을 고안하였다.

우선 성취기준 두 개 이상을 통합하여 하나의 서사구조를 갖춘 큰 과제로 만들었다.

[10국04-01][10국01-06] 15세기와 17세기와 현대의 자료를 비교하여 음운·문법·어휘·표기상의 특징과 언어 공동체의 담화관습을 성찰하여 국어가 변화하는 실체임을 증명할 수 있는가?

그리고 이를 달성하기 위한 작은 참여과제들을 만들어서, 오로지 피드백 평가로만 사용하고, 점수를 부여하지 않는 방식으로 설계하였다. 이 참여과제들을 하는 동안 학생들에게 진단적이고 즉시적인 피드백(고쳐하기, 시간유보하기, 다시 도전하기 등)이 가능하도록 만든 것이다. 이러한 참여과제들을 통해 학습들이 충분한 학습경험에 도달하였다고 판단되는 시점에 전체 과제를 논술형으로 평가하여, 10점을 부여하였다.

[표4-5] 참여과제와 전체 과제 평가 방식

참여과제 1	참여과제 2	참여과제 3	참여과제 4	전체 과제
언어의 역사성에 대해 예를 들어 설명할 수 있는가?	훈민정음의 창제 배경과 원리에 대해 이해하고, 논리적으로 자신의 생각을 담아 발표할 수 있는가?	〈세종어제훈민정음〉, 〈소학언해〉, 〈기미독립선언서〉, 〈카톡문자〉의 음운, 문법, 어휘, 표기상의 특징을 자료에서 찾고, 이의 의미에 대해 표에 작성하여 발표할 수 있는가?	모둠별로 각 언어 공동체의 담화 관습에 대한 현상과 문제점, 해결방안에 대해 탐구하고 발표할 수 있는가?	15세기와 17세기와 현대의 자료를 비교하여 음운·문법·어휘·표기상의 특징과 언어 공동체의 담화관습을 성찰하여 국어가 변화하는 실체임을 증명할 수 있는가?
피드백	피드백	피드백	피드백	10

참여과제를 하는 동안 변별 평가를 해야 한다는 강박 관념에서 벗어나, 학생들의 온전한 배움을 위한 피드백 주기가 가능하였다. 특히 교사보다는 학생들 상호 간─모둠 내, 모둠 간, 멘토─멘티 간의 피드백이 큰 힘을 발휘할 수 있었다.

그러나 이러한 방식 역시 피드백을 주고받기 위해 기다려 주어야 하는 시간이 많이 소요된다는 단점이 있었다. 이는 진도 위주의 교실 수업에서는 치명적일 수도 있다. 또한 참여 과제 자체를 평가하지 않다 보니, 일부 학생들의 흥미도와 집중도가 떨어지는 현상도 일어나게 되었다. 가장 큰 우려는 결국 최종적으로 서사화된 큰 과제만을 논술형으로 시험을 보았을 때, 의도했던 누적되고 심층화된 평가로 귀결되지 않을 수도 있다는 것이었다. 이 평가 역시 '인증'의 형태가 아닌 상대적인 변별을 하는 것에서 벗어날 수 없기 때문이다. 오히려 평가를 여러 번 할 때보다 단 한 번의 평가만을 해야 하므로, 변별에 대한 딜레마가 더 깊어질 수도 있었다. 이러한 평가 방식에 대한 경험과 능력의 부족을 절실하게 느끼게 되었다.

결국 보다 현실적인 평가방식으로 절충하는 방식을 선택하고야 말았다. 그것은 서사과제를 보다 큰 범위(17차시)로 잡아 구상하고, 그에 따른 참여 과제를 만들어 점수 부여 형태로 평가하되, p/f의 형태로 부여하는 것이었다. 그렇게 기획한 수업이 '작가 만나기 수업'이라는 주제의 프로젝트 수업이다.

우선, 여기에 해당하는 성취기준 6개를 모은 후, 그 전체를 포괄할 수 있는 하나의 서사 구조의 문장으로 재진술하였다. 이는 지금 논의가 한창인, 2022 개정교육과정의 핵심 아이디어와도 비슷한 맥락의 진술이라고 볼 수 있다.

"한 작가의 작품을 읽고, 자신의 경험에 빗대어 자아를 성찰하고, 타인의 삶과 세계를 이해한 후, 이를 바탕으로 표현하고 소통할 수 있다."

이 진술을 그대로 질문의 형태로 바꾸어서 큰 덩어리의 서사과제를 만들었다.

"한 작가의 작품을 읽고, 자신의 경험에 빗대어 자아를 성찰하고, 타인의 삶과 세계를 이해한 후, 이를 바탕으로 표현하고 소통할 수 있는가?"

그런 후에 이 과제를 해결하기 위한 3단계 중간 참여 과제를 만들었다. 그리고 각 참여 과제에 대해 pass(1), fail(0)의 점수를 부여한 후, 가급적 많은 학생들이 패스할 수 있도록 피드백 평가를 실시함을 원칙으로 하였다. 그런 연후에 참여 과제들 중 몇 가지를 패스하였는가에 따라 상(5), 중(4), 하(3) 점수를 부여하는 방식으로 설계하고 실행하였다.

참여과제 1	참여과제 2	참여과제 3	수행평가
작가의 작품을 읽고, 자신의 삶과 관련하여 공감되는 부분에 대해 이유를 구체적으로 설명하여 자신의 삶을 성찰할 수 있는가?	타인과의 관계나 경험과 관련하여 공감하거나 비판하는 부분에 대해 이유를 구체적으로 설명하여 타인의 삶을 이해하는 성찰을 할 수 있는가?	자기 성찰과 타인 이해를 바탕으로 시를 다양한 맥락으로 해석하고 비평하되, 타당한 근거를 들어 설득할 수 있는가?	참여 과제 중 3가지를 다 만족할 경우 5점, 2가지를 만족할 경우 4점, 1가지만 만족할 경우 3점
1, 0	1, 0	1, 0	5

참여 과제를 수행한 후 전체 과제인 "한 작가의 작품을 읽고, 자신의 경험에 빗대어 자아를 성찰하고, 타인의 삶과 세계를 이해한 후, 이를 바탕으로 표현하고 소통할 수 있다."에 대해서는 다음과 같은 총체적인 활동으로 이어지도록 하였고, 이에 대해서는 10점 가량의 평가 점수를 부여하였다.

- 탐구 보고서 쓰기
- 작품 엽서 만들기
- 작가 탐방하고 인터뷰하기
- 학급 친구 모두가 함께 하는 작품 발표회

이런 형태로 10학년(고1) 국어 시간 중 '작가(윤동주) 만나기 프로젝트 수업' 의 교육과정과 수업과 평가를 [표4-6]과 같이 디자인하였다.

[표 4-6] 작가 윤동주 만나기 프로젝트 수업 설계 사례

영역	차시	단계	재구성된 성취기준 (무엇을 배울 것인가?)	학습경험 (어떻게 배울 것인가?)	평가 (무엇을 어떻게 평가할 것인가?)
	1	오리엔테이션, 윤동주 시집 만나기	[10국02-03-01] 시집을 읽고, 삶의 문제나 해결방안을 찾으며 있는다.	1. 오리엔테이션 : 수업과정 소개 2. 윤동주 시집 목차 읽어보고, 자신의 삶과 관련된 제목 찾아보고 돌아가며 읽어 보기 3. 시집 뒤적이며, 자신의 삶이 해결방안에 해당되는 단어 찾아 쓰기 4. 단어를 찾은 이유에 대해 서로 말해 보기	<수행> - 시를 읽고, 자신의 삶과 관련하여 공감하는 부분(단어, 구절 시 전체)에 대해 이유를 구체적으로 설명하여 자신의 삶을 성찰할 수 있는가?
시 외	2 ~ 3	시집 무조건 읽기		1. 시집 뒤적이며 읽기 2. 읽다가 마음에 드는 시의 구절 찾아 보기 3. 시 구절을 찾은 이유에 대해 서로 말해보기	- 시를 읽고, 타인과의 관계나 경험과 관련하여 공감하거나 비판하는 부분에 대해 이유를 구체적으로 설명하여 타인의 삶을 이해하고 성찰을 할 수 있는가?
나	4	나의 경험과 맞닿아 있는 시 찾아 읽고, 자신의 삶 성찰하기	[10국03-03], [10국05-05], (참고)[12문학02-04] 작품을 공감적인 관점에서 주체적으로 수용하고,	<탐구> 1. 공감하는 시 찾아 읽기 2. 공감하는 시를 쓰고, 그림 그리기 3. 공감하는 이유를 자신의 삶과 관련하여 글쓰기 <표현> 1. 공감하는 시와 관련된 그림 칠판에 그리기 2. 공감하는 시 읽어주고, 3. 자신의 삶과의 관련성 이야기하기	1. 시의 심미적 기능을 이해하며 주체적으로 감상할 수 있는가? 2. 자신의 삶과 관련하여 공감되는 부분(단어, 구절 시 전체)에 대해 이유를 구체적으로 설명할 수 있는가? 3. 공감되는 내용을 바탕으로 자신의 삶을 성찰할 수 있는가?
	5	나의 경험과 맞닿아 있는 시를 읽어주고 이유 말하기	[10국03-03], [10국05-05], (참고)[12문학02-04], [12문학04-01] 작품을 공감적이거나 비판적인 관점에서 주체적으로 수용하고, 자신의 정서를 담아 이해를 담은 글을 쓴 후, 상호 소통한다.	<탐구> 1. 내가 사랑하는 사람 떠올리고 돌아가며 '이름 관계'로 말해보기 2. 그 사람의 관계나 경험과 관련있는 시 찾아서 쓰고 그림 그리기 → <표현> 1. 공감, 비판되는 시와 관련된 그림 칠판에 그리기	4. 타인과의 관계나 경험과 관련하여 공감하거나 비판하는 부분에 대해 이유를 구체적으로 설명할 수 있는가? 5. 타인의 삶을 이해하는 성찰을 할 수 있는가? (5개 만족 10, 4개 만족 9, 3개 만족 8, 2개 만족 6, 기본 4, 미읽시 0)
시 외 니	6 ~ 8	내가 사랑하는 사람과의 관계나 경험과 맞닿아 있는 시 찾아 읽고, 타인의 삶을 이해하기	[10국03-03], [10국05-05], (참고)[12문학02-04], [12문학04-01] 작품을 공감적이거나 비판적인 관점에서 주체적으로 수용하고, 타인에게 자신의 정서를 담아 이해를 담은 글을 표현하는 글을 쓴 후, 상호 소통한다.	2. 그 사람의 관계나 경험과 관련있는 시 찾아서 쓰고 그림 그리기 3. 관계나 경험을 통해 공감하거나 비판하는 글쓰기 <표현> 1. 공감, 비판되는 시와 관련된 그림 칠판에 그리기 2. 공감, 비판되는 시 읽어주고, 경험 이야기 하기 3. 타인과의 관계, 경험 이야기 하기 4. 타인에게 엽서 편지 쓰고 답장 받기	

차시	활동	시기	활동 내용	<수행>
9 10 11 12	시 탐구하기	[10국01-03], [10국05-03~02], (참고)[12문학02-02] 작품을 작가, 사회·문화적 배경, 상호텍스트성 등 다양한 맥락에서 감상한 후, 논제에 따라 쟁점별로 논증을 구성하여 여 토론에 참여하고, 타당한 근거를 들어 설득하는 글을 쓴다.	1. 탐구방법 확인하기 - 자기 성찰과 타인 이해를 바탕으로 연구자의 입장이 되어, 궁금한 것, 어디에도 없지만 매우 작은 것 2. 자료 조사하고 탐구하기 3. 탐구 보고서 작성하고 발표하기	자기 성찰과 타인 이해를 바탕으로, 시를 다양한 맥락으로 해석하고 비평하되, 타당한 근거를 들어 설득하고 있는가? 1. 자기 성찰과 타인 이해를 바탕으로 하고 있는가? 2. 타당한 근거를 들어 설득하고 있는가? 3. 주장하는 바가 타당한가? 4. 다양한 맥락을 활용하고 있는가? 5. 보고서를 체계적으로 작성하였는가? (5개 만족 10, 4개 만족 9, 3개 만족 8, 2개 만족 6, 기본 4, 미응시 0)
	시 엽서 만들기	3월 ~ 4월 중	1. 운동주 시를 바탕으로 그림 엽서 도안하기 2. 그림 엽서에 시를 통해 성찰한 내용을 바탕으로 타인에게 엽서 쓰기.	
	자가 탐방	6월 중	1. 운동주 문학관을 중심으로 서촌 일대 문학 및 역사 미션 체험 2. 희망자에 한하여 3. 6월 중 토요일에 실시 4. 모둠을 편성하여 미션을 수행하는 형태로 탐방 및 탐구	
행사	학급친구 모두가 함께 하는 시낭송회	1학기 2차 시험 종료 후~8월 중	1. 수업 중 한 것으로 추천하여 책거리 형태로 진행 2. 학생들이 스스로 기획하고, 진행할 수 있도록 <준비위원회>결성 3. 1학기 시험 종료 후(여의치 않을 경우 2학기 개학 초 - 8월) 4. 모든 학생이 참여가 원칙 5. 1시간 기획 - 2시간 연습 - 3번 째 시간에 시청각실에서 개최	

시 와 아 리

이러한 과제들을 연결하여 수행하기 위해서는 과제지(워크시트)가 필요했다. 그래서 동학년 동교과 교사들이 모여서 과제지 전체를 묶어서 한 권으로 편집하였고, 인쇄하여 배부하였다. 활동별로 쪼개어서 나누어 주던 과제지에 비해서 연결된 수업과 과제 수행이 가능해지도록 만든 것이다.

[표 4-7] 작가 윤동주 만나기 프로젝트 수업 과제지

2 나도 시를 읽고 성찰하여 보기

- 내가 고른 시를 옮겨 적어보고, 적당한 공간에 시 그림도 그려 봅시다.
  그리고 이 시를 통해 자신의 삶을 성찰한 내용을 적어 봅시다.
  ❖ 조건 1. 이 시가 어떤 면에서 나의 삶과 관련이 있는지를 적을 것.
       2. 자신의 경험을 중심으로 삶과 맞닿은 부분을 시의 구절을 인용하여 구체적으로 서술할 것.

시 제목 :	시를 통해 나를 성찰하기
	시와 관련하여..... 구체적 나의 경험, 반성, 다짐, 계획, 삶에 대한 깨달음 등등

3 너에게 권하는 시 고르기

시를 읽고, 누군가에게 권하고 싶은 시를 한 편 고르세요. 선택한 시를 옮겨 적어   보고 시를 통해 너를 이해한 내용을 적어봅시다.
  ❖ 시를 권하는 대상은, 과거·현재·미래 중 어느 한 시점에 존재하며 내 삶과 맞닿은 사람이라면 누구든 가능합니다. (예: 나 자신, 가족, 부모님, 배우자, 애인, 친구, 역사적 인물 등)

시를 권하는 대상은?	
시를 권하는 이유는?	

시 제목:	시를 통해 너를 이해하기
	그 사람과 관련하여······ 이 시를 권하는 이유, 나와의 관계, 말하고 싶은 것, 용서받고 싶은 것, 이해받고 싶은 것, 충고하고 싶은 것 등등

라. 다시 평가를 생각하다

교사에게 가장 힘든 교육활동 중 하나가 평가이다. '변별성', '공정성', '객관성', '이의제기' 등의 부담이 교사를 자주 위축시키고 있기 때문이다. 최근에 '과정중심 평가'나 '성장 중심 평가' 등의 화두가 부각되면서, 이 고민은 오히려 더 깊어졌다. 평가의 이상적인 원리와 현실 사이에서 심적 괴리감이 더 커지기만 하기 때문이다. '평가를 바꾸면 수업이 바뀐다'고 하면서도 정작 국가 표준화 시험은 바꾸지 않고, 교사에게 평가를 바꾸라고만 강요한다. '꼬리(평가)를 쳐서 몸통(수업)을 바꾸겠다'고 실천을 요구하였지만, 정작 교사들은 그 꼬리에 대한 강박 관념이 너무 커져서 오히려 몸통과 머리(교육과정)가 쪼그라들고 왜곡되어 가지 않나 하는 의구심도 생기게 되었다.

평가가 바뀌면 수업이 바뀐다는 말은 진실이다. 그러나 여전히 교사에게는 '교육 기획권'과 '평가권'이 주어지지 않는 현실에서는, 이는 구호에만 그치기가 쉽다. 더군다나 변별 위주의 평가와 획일화된 표준화 시험이 현실적으로 강요되고 있는 한 이는 실현되기가 어렵다고 본다.

이제 더 이상 이상적인 구호가 유행처럼 스쳐가는 평가와 지나친 현실적 욕망으로서의 평가로 이원화되어서는 안 된다. 이상적 구호가 더 이상 유행으로만 그치지 않으려면, 이를 실제에 잘 적용될 수 있도록 보다 현실적인 가능성을 고민해야 한다. 교사는 이상적 교육 이론에 매달려 있는 것이 아니라, 교실 현장에서 직접 아이들을 만나고 수업하고 평가하는 존재이기 때문이다. 따라서 교사는 이상적 평가에 다가가려고 노력하되, 현실적으로 가능성 있는 평가를 고민할 수밖에 없다. 그런 현실적 고민과 성찰을 다음과 같이 제안해 본다.

첫째, 내 교실에 맞게 성취기준을 재구성한 후, 그것을 제대로 배웠는지를 묻는 피드백 평가가 반드시 있어야 한다. 즉 교육과정과 수업과 평가가 일치되어야 한다. 그러기 위해서 교육과정 자체를 재구성하여 수업 시간 중에 하는 질문 방식으로 평가 요소를 만들 것을 권장한다.

둘째, 변별 위주의 평가와 온전한 피드백 평가를 구분하여 실행할 수 있도록 해 주어야 한다. 특히 수행평가의 경우, 변별보다는 피드백 평가가 될 수 있도록 제도적으로 보장해 주어야 한다. 그렇지 못할 경우, 교사의 판단에 의해 일부분을 온전한 피드백 평가가 되도록 설계한다. 단, 학생과 학부모들에게 사전 공지를 하는 것을 잊어서는 안 된다.

셋째, 지필평가는 변별을 위한 평가로 활용될 가능성이 높다. 이런 평가는 실제적인 학습과는 분리되는 경우가 많고 일회적이고 단면적인 평가일 가능성이 높다. 이를 보완하기 위한 구술 평가나 맥락 기반의 과정 평가 등이 수행평가에서 보다 폭넓게 활용될 수 있도록 고민하여야 한다.

넷째, 교사의 '교육과정 기획권'과 '평가권'의 확보가 무엇보다도 필요하다. 이의 확보를 위해서라도 교사 스스로 '교육과정 읽고 쓰기', '교사 교육과정 확립하기', '학습으로서의 평가를 위한 피드백 평가 실천해 보기' 등을 한 걸음씩이라도 실천해 보기를 바란다.

3. 기록은 어떻게 해야 하나?

가. 학교생활기록부를 쓴다는 것의 의미는?

대학 입시에 학생부 전형이 생기게 되면서, 학교 생활기록부의 기록에 대한 관심이 상당히 높아졌다. 각종 진로 진학 자료로 학생부 기록을 중시하게 된 데에는 다음과 같은 이유가 있었다고 본다.

첫째, 학생부 기록을 통해 점수 위주의 양적 평가에서 종합적인 질적 평가가 가능하다.

둘째, 여러 교사들이 학생을 종합 관찰하여 평가한 기록이기 때문에 신뢰성과 타당성이 있다.

셋째, 교과 수업에서 보여주는 다양한 경험과 역량을 이해하고 평가할 수 있다.

넷째, 학생부를 종합적으로 평가하는 방식이 학교의 공교육 활동을 정상화할 수 있다.

이러한 선발 방식의 변화는 기존의 표준화 시험이 가지고 있던, 문제 풀이식 수업을 개선하는 효과가 있었다. 숫자로 평가하는 시대에서 문자로 된 평가를 중시하는 시대로 발전하는 모습도 보였다. 각급 학교에서도 과거에 비해 학생 활동 중심의 수업 활동을 전개하고, 다양하고 다각화된 교육활동을 통해서 학생들의 역량을 키우고자 노력하는 양상을 보이기도 하였다. 새로운 평가제도가 우리 공교육을 정상화하고, 학생들의 진정한 역량을 평가해 줄 것으로 기대되기도 하였다. 교사들의 평가에 대한 자율권도 좀 더 확대될 수 있을 것이라는 기대감도 있었다.

그러나 이 역시 상급학교에 진학하기 위한 수단으로 강조되다 보니, '어떻게 잘 기록해야 진학에 유리한가?' 자체에 더 관심이 갈 수밖에 없었다. 기록을 위해서 수업하고, 기록을 위해서 독서를 하고, 기록을 위해서 교육활동을 하는 부작용이 생기게 된 것이다. 결국 기록만 남게 되고, 수업도 역량도 교육과정도 없는 허상이 되고 마는 것이 아닌지 고민하게 되었다.

실제 어느 한 학생에게 "선생님, 저 열심히 수업에 참여했는데 왜 그렇게밖에 안 적어주시나요?"라고 항의를 받은 쓸쓸한 기억이 있다. 이렇게 요구되는 탁월한 기록을 위해 교사들은 학기 말에 놀라운 상상력을 발휘하여야 했다. 그러면서 차츰 기록에 대한 다음과 같은 생각들이 일반화되기 시작하였다.

- 우수한 학생들에게는 많은 양을 적어주어야 한다.
- 제대로 쓰기보다는 잘(탁월하게) 써야 한다.
- 탁월한 기록을 위해서는, 탁월한 교육활동을 해야 한다.

‒ 과장도 해야 한다. 때로는 조작도 가능하다.

‒ 결국 교사의 학기말에 하는 글쓰기 능력이고, 상상력이다.

그러면서 학생부 기록은 신뢰성을 잃어버리고 심한 경우 조작의 수준까지 이르게 된다. 이에 대해 학생들은 다음과 같이 증언[35]을 한다.

"서류상의 제 모습은 못할 게 없는 사람이에요. 저는 그리 뛰어난 사람도 아닌데…."

"아예 명칭을 붙여주는 선생님도 계셔요. 칠판 지우는 거 갖고 자습 자율 감독위원이라고"

"저는 책을 읽지도 않았고 감상문도 쓴 적이 없는데 쓰여 있던 거죠."

"쓸 시기가 왔을 때 자기가 원하는 내용을 정리해서 오라고 그래요."

이런 현상이 계속되다가 보니, 학생부 기록에 대한 신뢰성이 더욱 낮아지게 되고, 이를 가지고 평가하는 것에 대해 공정성 시비가 일어나게 되었다. 수시보다는 정시, 학생부보다는 표준화 시험이 더 공정하다는 생각이 팽배해졌다. 기록의 자율성과 자유성에 대해 규제해야 한다는 목소리가 커지면서 기계화되고 수치화된 기록을 정책적으로 요구하기까지 이르렀다. 결국 어떤 평가제도가 와도 결국 입시나 변별과 결합되면 왜곡될 수밖에 없다는 구조적 문제점만 노출되었다는 점에 실망감이 크다.

---

35   MBC PD 수첩 <가짜 학생부>(2018.10.16. 방송)에서 인용함.

그럼에도 불구하고, 학생부 기록에 대한 평가는 여전히 유효하다고 생각한다. 단지 숫자로 된 결과 중심의 성적 평가보다는, 다양한 학생의 경험을 문자로 기록된 과정 중심의 역량 평가가 아직도 가능하다고 믿기 때문이다. 그 믿음을 더욱 확고히 해야 한다. 따라서 학생부 기록에 대해 바람직한 시각을 다시 다음과 같이 회복할 것을 제안한다.

첫째, 기록은 숫자는 아니지만 말로 하는 평가라는 인식이 필요하다.
둘째, 학교의 서사가 아니라, 학생의 서사로 기록하여야 한다.
셋째, 학기말에 하는 기록이 아니라, 평소에 기록하여야 한다.
넷째, 객관적으로 관찰한 내용을 중심으로 사실을 기록하여야 한다.
다섯째, 잘 기록하는 것이 중요한 것이 아니라, 제대로 기록하는 것이 중요하다.
여섯째, 교육과정 = 수업 = (평가 =기록)이 되도록 해야 한다.

학생부 기록에서 가장 중요한 것은 사실(fact)에 대한 기록이어야 한다는 것이다. 학기 말에 하는 교사의 놀라운 상상력을 요구하는 기록이 되어서는 안 된다. 실제로 교육과정을 어떻게 실행하고, 그것을 학생들이 어떻게 경험하고 배웠는지를 구체적이고 맥락 있는 사실로 기록하는 것이 기본이 되어야 한다.

서울대 입학본부가 낸 자료[36]에서도 "학생부 기록은 교사가 창작하는 것이 아닌, 교실 수업을 학생의 성장을 이끄는 과정으로서 마련하고, 학생

---

36   서울대 입학 본부(2019). 「2015 개정 교육과정과 연계한 입학 전형 발전 방안 연구」, 서울대.

이 실제 수행한 학습 활동을 교사가 관찰하고 평가해 누가 기록한 내용이어야 한다"고 이 점을 분명히 밝히고 있다. 또한 경희대학교 임진택 입학사정관이 "입학사정관은 고교 수업 활동을 통해 지원자의 대학 생활을 그려 본다. 학생 생활의 대부분을 차지하는 수업 활동은 학생의 모습을 드러내기에 가장 좋다. 교사의 주관적 평가도 좋지만, 사실적 근거를 보다 신뢰한다"[37]고 이야기하고 있는 점도 기억해 두어야 할 것이다.

사실을 중시하는 기록을 한다면, 다시금 학교생활기록부에 대한 신뢰감이 형성될 것이고, 이것은 결국 교사의 평가권에 대한 신뢰로 돌아올 것이다. 무엇보다도, 숫자로 된 평가 방식이 주는 다양한 왜곡 현상들(문제 풀이식 수업, 지식 위주의 일제식 수업, 평가에 나오는 것만을 가르치는 수업 등)을 개선하게 될 것이다. 교사의 평가권에 대한 신뢰감이 높아지게 되면, 교사의 자율적이고 전문적인 교육과정 상상력에 의한 다양하고 질 높은 수업을 학생들이 받을 수 있을 것이다. 또한 대학에 종속된 초·중·고 교육이 아니라, 초·중·고·대학으로 연계되는 단계별로 연계된 학교 교육이 바로 설수 있을 것이다. 팩트 중심의 학생부 기록이 우리 교육의 긍정적인 변화를 가져오는 동력이 될 수도 있다는 생각이 강하게 드는 이유가 여기에 있다.

---

37   임진택(2022), "학생부 세특 기재 요령 파헤치기", <내일교육> 1050호

나. 학교생활기록부(교과 세부능력 및 특기사항)를 어떻게 쓸까?

학생부 기록의 중심 중 하나가 교과 세부능력 및 특기사항(이하 교과세특이라 칭한다.)이다. 학생들이 학교생활에서 가장 많은 시간을 보내는 수업 시간에 대한 기록이고, 몇 년간에 걸쳐서 많은 교사들이 관찰하여 기록한 성장 기록으로서의 가치가 있기 때문이다. 교과세특은 어떻게 기록하는 것이 바람직할까? 어떻게 써야 하는가에 대한 지침은 교육부 훈령[38]으로 다음과 같이 정해져 있다.

> 세부능력 및 특기사항란은 학생 참여형 수업 및 수업과 연계된 수행평가 등에서 관찰한 내용을 입력한다.
> → 지필평가와 수행평가 결과를 토대로 과목별 성취기준에 따른 성취수준의 특성 및 참여도, 태도 등 특기할 만한 사항을 구체적이고 객관적으로 입력함.

지침을 보면 성취기준에 따른 성취수준의 특성 및 참여도, 태도 등을 구체적이고 객관적으로 기록하라고 되어 있다. 교육과정에 따라, 수업을 하고 평가를 하고 그 과정을 관찰하여 구체적으로 기록하라는 것이다. 기록 역시 교육과정이나 수업, 평가와 분절되어서는 안 된다는 이야기이다. 탁월함을 잘 보여주기 위해서 별도의 교육활동을 기획할 필요도 없고, 탁월

---

38   교육부(2022). 학생부 작성 및 관리 지침(교육부 훈령 제 393호).

함을 나타내기 위한 글쓰기 비법을 찾아낼 필요도 없다. 가장 중요한 것은 교육과정에 따라 수업하고, 평가하고 그 사실을 관찰하는 것이다. 그것을 통해 학생이 얼마나 성취기준에 도달하였는가를 사실적으로 기록하는 것이 중심이 되어야 하는 것이다.

앞서 언급하고 있듯이, 교육과정을 재구성하고 그것을 바탕으로 학습경험을 만들고, 그것을 질문으로 바꾸어 평가 요소로 삼고, 그것의 도달 여부를 관찰하여 기록하는 교육과정-수업-평가-기록의 일체화를 잘 구현하면 이 지침에도 잘 도달할 수 있다고 생각한다.

첫째, 성취기준을 중심으로 기록해야 한다.

둘째, 학생의 성취기준의 도달도를 수업 활동이나 지필 및 수행평가 활동 등을 관찰하여 사실로 기록해야 한다.

셋째, 교사가 관찰한 사실을 바탕으로, 이 학생의 성장 정도를 교사의 판단으로 기록한다.

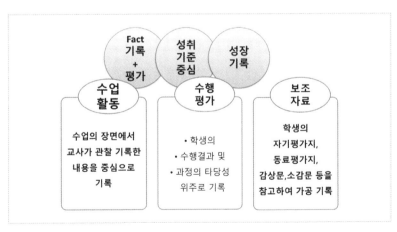

[그림 4-8] 교과 세부능력 및 특기사항 기록의 방법

기록 내용의 대상은 당연히 학생이어야 한다. 결코 교사의 수업 방법이나 학교 전체의 활동을 기재하는 것이 되어서는 안 되며, 학생의 구체적인 서사 기록이어야 한다는 것이다.

~수업 시간 중 협동학습의 직소 모형 수업을 통해 친구들의 이야기를 경청하고 협력하여 문제를 해결하려고 노력하였으며 ~프로젝트 수업에서는 스스로 프레젠테이션 자료를 만들고 발표하여 친구들에게 큰 도움을 주었으며 ~ 자기 생각을 잘 표현하여 논리적 사고를 키움.

이 기록의 문제는 어디에 있을까? 기록의 대상이 학생의 구체적인 활동이 아니라는 것이다. 다만, 교사의 수업 방법을 나열하고 있을 뿐이다. 이 학생이 '어떻게 협력하여 어떤 문제를 해결하였는지?', '어떤 주제로 프레젠테이션 자료를 만들어 어떻게 발표하였는지?', '어떤 생각을 어떻게 표현하였는지?'에 대한 개별적이고 구체적인 활동 내용은 전혀 없다. 이 학생의 활동 과정이나 역량에 대해서는 전혀 알 수가 없는 것이다.

학생의 구체적 서사로 학생의 성취기준 도달 정도를 관찰 기록하고, 이에 대한 성장의 의미를 교사가 타당성 있게 서술해 주면 더 유효한 기록이 될 것이다. 다음의 예들[39]을 보면, 그것을 잘 알 수가 있다. 먼저 국어과목 기록을 보면,

---

[39] '17개 시도 교육청(2020). 교과 세부능력 및 특기사항 기재 도움 자료(국어, 수학, 과학, 역사)' 자료에서 인용한 후, 재해석한 것임.

① 관심 있는 책을 선택하여 핵심 정보를 잘 추출하고, 생각하며 표현하는 힘을 가진 학생임. ② 자신에게 영향을 준 책을 읽고 말하기 활동에서 롤모델인 스티브 잡스에 관한 『스티브 잡스의 무한혁신의 비밀(카민 갤로 지음, 박세연 옮김)』을 독서계획에 맞춰 읽고 융합능력을 갖춘 인재가 되고픈 포부를 논리적으로 발표하여 큰 호응을 얻음. 특정 분야의 전문성을 창조하는 인재가 되기 위한 자질을 주장하면서, 시선 처리, 손짓 등 비언어적 표현을 효과적으로 사용할 줄 아는 학생임. ③ 평소 환경 분야에 관심이 많아 '설득하는 글쓰기 활동'을 통해 환경 호르몬에 대한 다양한 자료를 수집, 분석하여 더불어 사는 자세가 필요함을 설득력 있게 주장함. 독자의 흥미를 유발하기 위해 다양한 경험과 관련 자료를 활용하려는 노력이 돋보임.

①에서 수업 관찰을 통한 학생의 수업 태도 및 강점 등을 기재하고 있고, ②에서는 다음의 성취기준에 근거한 구체적인 활동 내용과 학생의 특성, 역량을 기재하고 있음을 알 수 있다.

[10국02-03-05] : 글이 독자와 사회에 끼치는 영향을 고려하여 책임감 있게 글을 쓰는 태도를 지닌다.
[10국01-01] : 개인이나 집단에 따라 듣기와 말하기의 방법이 다양함을 이해하고 듣기·말하기 활동을 한다.

그리고 ③에서 관심 분야와 연계한 학습 태도 및 활동 내용, 노력을 기재하고 있음을 알 수 있다.

수학의 예를 보면,

① 유리함수 단원에서 분모가 0이 되는 x값에서 함숫값이 존재하지 않으므로 분모가 0이 되는 x값을 제외한 나머지 부분이 정의역이되는 것에 대한이해를 바탕으로 유리함수 그래프의 성찰에 대해 정확히 설명할 수 있음. ② 유리함수의 접근선의 방정식을 구하여 유리함수의 그래프를 좌표평면에 그리는 방법을 알기 쉽게 모둠원들에게 설명함. 유리함수와 무리함수의 교점을 찾는 문제에서 이차방정식의 판별식을 이용한 다른 풀이 방법도 알려주어 친구들로부터 실력을 인정받고 수업 분위기를 주도함. ③ 다양한 고난도 수준의 개별과제에 흥미를 갖고 모두 도전하였고 서술과정을 명쾌하게 발표하는 등 더욱 큰 발전이 기대되는 학생임.

①에서는 '[10수학04-04]유리함수 $y = \dfrac{ax+b}{cx+d}$ 의 그래프를 그릴 수 있고, 그 그래프의 성질을 이해한다'는 성취기준에 대한 성취수준을 보여주고 있다. ②에서는 그 성취기준에 대한 학습 태도와 활동의 적극성에 대해 이야기한 후, ③에서 학생의 도전 정신과 발전 가능성에 대해 언급하고 있음을 알 수 있다.

과학의 예를 보면,

① 평소 수업시간에 집중하여 학업성취도가 높으며, 각종 이론을 탐구하고 이를 실험하는 활동에 적극적으로 참여함. ② 특히 실험활동에서의 집중력과 신중함은 다른 학생들의 모범이 됨. 실험기구를 올바르게 사용할 줄 알

며, 객관적이고 타당한 실험 절차를 설계하여 신뢰도 높은 결과를 도출함. 실험 절차와 결과를 논리적인 글로 남기고 이를 친구들과 공유하여 함께 성취도를 높이고자 하는 협력적 모습을 보임. ③ 중력 가속도를 이용하여 학교 건물 높이 재기 실험에서 통제변인을 꼼꼼히 찾아 공이 떨어질 때의 외력을 최소화하였고 이를 통해 측정의 신뢰도를 높여 오차범위 10%이내의 결과를 도출함. 수평으로 던져진 공과 수직으로 낙하한 공의 시간이 이론적으로 같아야 함에도 불구하고 수평 방향의 시간이 더 걸린 이유에 대해 모둠원과의 자유로운 의사소통과정을 통해 속도와 공기의 저항으로 연결 짓는 등 과학적 탐구 역량을 보여줌.

①에서는 수업관찰을 통한 학생의 수업태도와 참여도에 대해 기록하고 있다. ②에서는 [10과탐02-04] 흥미와 호기심을 갖고 과학 탐구에 참여하고, 분야 간 협동 연구 등을 통해 협력적 탐구 활동을 수행하며, 도출한 결과를 증거에 근거하여 해석하고 평가할 수 있다' 등의 성취기준에 빈번하게 나와 있는 실험활동에 대한 구체적 활동 내용과 학생의 특성과 역량을 기재하고 있다. ③에서는 ②와 관련하여 나타난 과학적 탐구 역량을 판단하여 표현하고 있음을 알 수 있다.

한국사의 예를 보면,

① 신석기 시대의 대표적 유물인 빗살무늬토기와 움집을 만들어 보면서 신석기 시대의 사회 모습을 유추하여 발표함. 빗살무늬토기를 점토로 만들어 보고 생활에서의 용도를 추론하여 발표함. ② 모둠원과 함께 움집의 모형을

제작해 보고, 화덕의 존재를 모둠원에게 알려줘 연기가 빠져나갈 수 있는 구조를 생각하고, 이를 바탕으로 신석기인의 하루 일상을 일기로 작성하여 발표함. ③ 프로젝트 수업 시 모둠의 리더로서 문제 제기를 통해 모둠원들의 창의적 생각을 이끌어 내어 문제를 해결하는 강점을 보여줌. 또 자기주도 학습과 탐구역량이 뛰어나며 역사적 근거에 따라 자신의 견해를 제시하는 역량을 갖추고 있음.

①에서는 성취기준에 따른 학생의 학습 활동을 보여주고 있으며, ②에서는 학생의 참여도에서 보이는 사실적 근거와 역사 교과 역량을, ③에서는 학습 과정을 통한 학생의 성장이나 강점을 잘 보여 주고 있는 것이다.

앞의 예들을 결코 교과세특 기록의 모범이나 정답이라 말할 수는 없다. 실제 각 학교별로 학생별로 학습 활동의 내용이나 방법, 태도 등은 제각각이기 때문에, 어느 한 가지로 기록은 이래야 한다고 이야기해서도 안 된다고 본다. 자칫 그런 이야기가 매뉴얼화 되고 교조화 되어 또 다시 기록을 위한 도구로 전락할까 두렵다. 위의 예들은 다만, 기록의 원칙인 교육과정에 얼마나 충실했는지를 관찰하여 기록하였다는 점에서 시사점이 있을 뿐이다. 학교 내 교육과정을 넘어서는 탁월함이나 기발함에 대해 더 이상 의미를 부여하지 않는다는 것이다. 그것의 중심과 주된 소재는 분명 교육과정의 성취기준이다.

다. 실제로는 어떻게 썼을까?

　국가수준의 목표 중심 성취기준을 '나와 마주하고 있는 아이들'의 성장에 맞게 구체화, 순서 바꾸기, 압축과 통합 등의 방법을 활용하여, 한 학기를 재구성하였다. 수업과 평가는 이 디자인의 큰 틀에서 가급적 어긋나지 않게 실행하였다. 그리고 그 과정을 관찰하여 기록하고자 하였지만, 관찰하여 기록한다는 것이 쉽지는 않았다.

　관찰한 것을 남기기위해서, 처음에는 교무수첩에 대략적인 것들만 적어 놓았다. 그러나 교무수첩 자체는 업무용으로 만들어 진 것이라, 수업 활동 자체를 맥락적으로 기록하기는 불가능했다. 그래서 2011년부터는 수업일지(수업 성찰 일지) 양식을 별도로 만들어서 사용하기에 이르렀다. 해마다 필요에 의해 양식을 바꾸었지만, 대체로 수업 활동 내용을 '누가-무엇을-어떻게 하여 어떤 역량을 보였는지'를 구체적인 키워드 형태로 기록할 수 있도록 양식을 만들었다. 그리고 하루 수업을 끝내고 귀가하기 전에 5-10분간 수업을 성찰하는 일지로 정리하여 작성하였다.

[표 4-8] 수업일지의 예

9째주(4월 25일 ~ 4월 29일)

수업 과정안

1학년 국어	2학년 실용국어
1. 읽은 시 중에서 자신의 경험과 맞닿아 있는 시 한 편 고르기 2. 시 필사하고 그림 그리기 3. 공감하는 이유를 자신의 삶과 관련하여 글쓰기 4. 학급 네에서 5분 이내로 발표하기(수행)	1. 인성카드에서 가장 마음에 드는 단어 3개 고르기 2. 3개의 단어를 활용하여 '내가 가장 소중하게 생각하는 것'에 대해 3문장 이상 글쓰기(선택한 단어, 이유, 내가 가장 소중하게 생각하는 것 → 발표하기(수행)

	1-1(자아성찰시 발표 5분)			2학년 4,9반(안성 단어카드로 공감이해 발표하기)			2학년 1,3,5,1012반(인성 단어카드로 공감이해 발표하기)		
1	강00	'내일은 없다'낭송만 C	401	강00	소중→가족애 B	101	국00	x	
2	권00	'눈'→할머니 추억 A	402	강00	강아지 → 친구의 소중함 A	103	김00	축구→땀의 소중함 B	
3	권00	'눈 오는 지도'→잘못 후회 A	403	김00	통기타 → 예술의 즐거움 A	106	민00		
4	김00	'못자는 밤'→	406	박00		107	박00		
5	김00		407	박00		111	이00		

일	시간	반	진도	누가 -무엇을 - 어떻게	과제, 체크	수업성찰
4월 2 28일 목	2	1-1	자아성찰시 발표하기	3: '눈 오는 지도': 어린 시절 부모님 말씀 안들은 것 후회 3분 발표→공감력 A 15. '내일은 없다.':오늘을 중시하는 삶 발표 2분 → 자신감 부족? 논리력은 있는데 ㅠ B	29일, 7명 발표 예약	<1-1>한 주간 자아 성찰 하였던 시에 대해 발표하였다. 대부분 자신의 이야기를 솔직하게 발표하고 있으나, 몇몇은 진지하지 못하다. 특히 ~와 ~는 개별 면담을 해야 할 듯. <2A> 조금씩 글도 쓰고 말문도 트이는 듯싶어~갈 길은 먼데 기분은 좋다.
	4	2 A	나에게 가장 소중한 것 발표	402:강아지→키운 지 5년, 친구 같음, 다른 친구에게도 같은 사랑을~→발표력 A		
	5	2B	나에게 가장 소중한 것 발표	~		

수업일지에는 반드시 수행평가일지도 함께 넣어서 일목요연하게 관찰하고 평가할 수 있도록 하였는데, 위의 2학년 수업 일지와 관련된 수행평가지는 다음과 같다.

[표 4-9] 수업일지 중 수행평가일지의 예

수행평가 2 – 공감 이해 발표하기(204,209)

성취 기준	[12실국05-02][2실국04-02]타인의 삶에 대한 글을 읽으며 공감적이고 배려하는 태도를 갖추어 댓글을 달아 준다.
평가기준	3개의 인성 단어를 사용하여 합동으로 큰 그림을 그린 후 이야기를 만들어 발표하고 공유할 수 있는가?
배점	5가지 20점, 3-4가지 18점, 2가지 16점, 1가지 14점, 0가지 12점, 기본점수 8점, 장기미인정 7점

학번	이름	평가요소 1 인성 단어를 개연성 있게 연결하고 있는가?	평가요소 2 큰 그림 그리기 활동에 적극 참여하고 있는가?	평가요소 3 만든 이야기가 인성 단어의 취지와 일치하는가?	평가요소 4 이야기의 내용이 개연성과 진지성을 가지고 있는가?	평가요소 5 발표활동과 댓글 활동에 적극적으로 참여하고 있는가?	활동 내용
20401	강OO	O	O	O	△	X	큰 그림 만들기 활동에서 '소중'을 두 손바닥 모양으로 그리고~
20402	강OO	O	O	O	O	O	~
20403	김OO	O	O	O	O	O	~
20406	박OO	X	X	X	X	X	참여X, 다시 면담?

수업 시간 중에는 가급적 기록하는 것을 자제하려고 하였다. 자칫 잘못하면 기록에 매몰되어 수업 활동이나 관찰을 놓칠 수도 있기 때문이다. 또 기록하는 모습을 수업시간에 자주 보여주면, 아이들에게 민감한 반응을 불러일으킬 수도 있다는 생각도 하였다. 그래서 수업 시간에는 내가 알아볼 수 있을 정도의 키워드로만 적었다. 때때로 아무것도 적지 않는 날도 있었다. 한 가지 분명했던 것은 수업을 마치고 귀가하기 전에 그날 키워드 형태로 적은 것을 구체화하면서 정리해 보려고 애썼다는 것이다.

그런데 부끄럽게도, 수업일지에 가장 많이 기록했던 것은 아이들에 대한 실망감, 분노, 좌절감 그런 것들이었다. 아이들을 욕하는 말도 여과 없이 적어 놓기도 하였다. 그러함에도 불구하고 그 사이 사이에서 의미 있는 아이들의 활동 기록이 보였던 것이 다행이었다. 그것들을 모으고 의미를 부여하여서, 구체적이고 맥락이 있으면서도 사실적인 학생 활동 기록으로 남기려고 노력하였다. 그러다가 학기말이 되면 수업일지의 내용을 엑셀 등을 활용하여 다시 의미 있는 내용으로 재작성하는 작업을 하였다.

[표 4-10] 2021학년도 수업일지의 예세한 작업 내용 예시

반	번호	성명	작가만나기 프로젝트	시를 읽고 나 성찰하기	시를 읽고 너를 이해하기	시를 읽고 창작하기	시낭송회
8	3		'작가 나태주 만나기' 프로젝트 수업(17차시)에서,	'말하고 보면 별씨를 지아 성찰시로 선정하여 감상하고, 시 구절의 내용을이 음~.	'사람 많은 데서 나는 늘 관계 성찰 시로 읽고 어머니에게~	성찰 활동을 바탕으로	시 '너없는 데서 나는'을 창작한 후, 시인에게 시화업 서로 만들어 ~	마무리 활동으로,	학급원 모두 가 참여하는 시낭송회 수 업 중 시연극 ~

시 모방하여 창작하기	신문 문학 변형하기	한국문학의 특질 논술하기	모둠활동 등	누가기록 합치기	글자수
김소월이 (가 느릿)을 자신의 경험에 맞게 변형하여 ~	신문문학반 변형하기 수업(총 5차시)에서, 최종 (따 수준에 나타난 성장성을~	문학 논술하기 수업(총 2 차시) 수업에서,	팀 활동 수업(전체 하기)에서,	'작가 나태주 만나기' 프로젝트 수업(17 차시), '말하고 보면 별씨를 지아 성장 시로 선정하여 감상하고, 시 ~	1472
시 모방하여 패러디하기 수업(총 3차시)에서,		한국문학의 특질을 '자연 친화사상'이 로 ~	'패션피플'라 는 모둠의 이 끔이를 맡아 모둠활동 을 주관하고, ~		

누가기록을 바탕으로 글자 수를 맞추고, 오자나 탈자를 수정하고, 문구를 약간 가다듬은 후 학생부에 올리는 작업을 하였다.

작가 나태주 만나기' 프로젝트 수업(17차시)에서, ① 〈말하고 보면 벌써〉를 자아 성찰 시로 선정하여 감상하고, 시 구절의 내용을 이용하여 자신의 진솔한 사랑에 대해 반추하는 글을 써서 발표함. ② 〈사람 많은 데서 나는〉을 관계 성찰 시로 읽고 어머니에게 시편지로 보내어, 사람과의 관계를 두려워하지 말라는 어머니께 감사의 마음을 전함. ③ 성찰 활동을 바탕으로 시 〈너 없는 데서 나는〉을 창작한 후, 시인에게 시화 엽서로 만들어 보내는 주체적 생산 활동에 참여함. ④ 마무리 활동으로, 학급원 모두가 참여하는 시낭송회 수업 중 시 연극 〈너 없는 데서 나를〉의 대본을 작성하였으며, 주인공 역을 맡아서 창의성과 협력성을 보임. ⑤ 모방하여 패러디하기 수업(총 3차시)에서, 김소월의 〈가는 길〉을 자신의 경험에 맞게 변형하여 사랑의 힘을 노래한 시 〈멈추는 길〉을 창작함. ⑥ 산문문학 변형하기 수업(총 5차시)에서, 희곡 〈파수꾼〉에 나타난 상징성을 그림으로 변환하여 표현함. ⑦ 문학 논술하기 수업(총 2차시) 수업에서, 한국문학의 특질을 '자연 친화사상'으로 풀어 논술하여 발표함. 팀 활동 수업(전체 학기)에서, '패션피플'이라는 모둠의 이끔이를 맡아서 모둠활동을 주관하고, 학습 멘토의 역할에 충실하여 강한 리더십을 보여줌.

기본적으로 성취기준을 재구성하여 수업하고, 그것을 질문으로 바꾸어 피드백 평가를 하는 과정을 관찰하고 맥락화하고 구체화하여 기록한 것들이다. 기록에 활용되었던 성취기준 재구성에 따른 피드백 평가 요소들은 다음과 같다.

① [12문학02-04], [12문학04-01] 시를 읽고, 자신의 삶과 관련하여 공감되는 부분(단어, 구절, 시 전체)에 대해 이유를 구체적으로 설명하여 자신의 삶을 성찰할 수 있는가?

② [12문학02-04], [12문학04-01] 시를 읽고, 타인과의 관계나 경험과 관련하여 공감하거나 비판하는 부분에 대해 이유를 구체적으로 설명하여 타인의 삶을 이해하는 성찰을 할 수 있는가?

③ [12문학02-05] 나 성찰하기, 너 이해하기를 바탕으로 자신의 정서를 나타내는 글을 창작하여 발표할 수 있는가?

④ [12문학02-05] 시를 읽고 다양한 시간과 주체적인 시각에서 재구성하여, 상호협력적이고 창의적인 역량으로 시낭송회를 제작 발표할 수 있는가?

⑤ [12문학02-01,02,06], [12문학02-03] 두 편의 시 중 하나를 선택하여, 시적 상황, 정서, 주제, 자신의 경험에 맞게 변형한 후, 모방하는 시를 작성할 수 있는가?

⑥ [12문학02-01], [12문학02-02], [12문학02-06], [12문학02-03] 두 편의 작품 중 하나를 선택하여, 다른 장르의 예술로 변환하여 표현할 수 있는가?(그림, 만화, 시화, 비평문 등)

⑦ [12문학03-02] '한의 정서'나 '자연 친화'에 해당되는 한국문학 작품을 찾고, 어느 부분에 이러한 특질이 나타나 있는지 간략하게 논술할 수 있는가?

한 학기 동안 배워야 할 성취기준을 어떻게 경험하고 어떻게 달성하였는지에 대해 연결하여 사실적이고 구체적이고 맥락적으로 기록하려고 하였던 것이다.

그런데 이러한 활동들의 의미와 그 활동들을 통해서 학생이 어떤 성장을 해 주었는지를 판단하여 주관적으로 평가해 주는 것이 어려웠다. 그러다 보니, 수업 활동 기록은 객관적이고 사실적으로 충실하였지만, 교사의 판단에 의한 성장에 대한 주관적 평가가 제대로 기록되지 못하였다. 여전히 나는 '숫자'가 아닌, '말로 하는 평가', '성장을 표현하는 평가'에 대해서는 경험도 많지 않고, 그러다 보니 아직도 서툴다는 점을 인정할 수밖에 없었다.

이 부족한 점을 극복하는 것이 우리 모든 교사들의 숙제일 것이다. 기록의 의미는 상급학교 진학을 위한 자료로만 남아서는 안 된다. 아이들의 성장에 대한 진정한 평가이고, 피드백이고, 가장 신뢰성 있는 아이들의 학창 시절의 서사, 즉 행복한 성장 기록으로 남아야 한다고 생각한다. 또 그리되기를 강하게 희망한다.

교육과정-수업-평가-기록 일체화, 수업에 물들다

1. 교수평가 일체화 수업 활동을
뒤돌아 보다

✳

가. 만들어 가는 교육과정을 혼자 시도해 보다

걷기와 자전거 타기와 자동차 타기는 각기 다른 방법이다. 누군가는 자동차 타기가 가장 효율적인 방법이라고 생각한다. 그래서 자동차를 타고 빨리 목적지까지 가야한다고 생각한다. 그러지 않으면 '학습 실패'나 '학습지체' 현상으로 치부해 버린다. 그러나 누군가는 걸어가고, 누군가는 자전거를 타고 가고 있다. 또 누군가는 제자리에 앉아 있기도 한다. 중요한 것은 방법이나 속도가 아니다. 목적이고 방향일 것이다, 그 목적과 방향을 향해서 나아가고 있다면 그 과정을 보장해 주고 지켜 주어야 한다고 생각한다. 그것은 어찌 보면 '지지와 격려', '기다림', '주눅 들지 않기'를 통한 교육의 순기능이라고 보았던 것이다.

그래서 목표 중심의 국가교육과정을, 내 교실의 아이들의 '한 뼘 성장'에 맞게 수정하는 작업에 관심을 가지게 되었다. 그러다 보니 자연스럽게

'어떻게 가르치는가?' 라는 수업 방법보다는 '누구에게 무엇을 왜 가르치는가?' 라는 교육과정 자체에 보다 관심을 가지게 되었고, 오직 한 가지뿐인 주어진 교육과정을 '내 교실의 아이들에게 맞게 수정' 해서 만들어 가는 다양한 교육과정으로 바꾸는 것을 고민하게 된 것이다.

우선 교과서 위주나 지도서 활용, 참고서 활용 수업에서 벗어나고자 하였다. 그래서 성취기준에 관심을 두게 되었고, 포괄적이고 추상적이며 대강화되어 있는 성취기준을 순서 바꾸기, 구체화하기, 압축과 통합이라는 방법을 활용해서 재구성해 보려고 하였던 것이다.

그런데 이 과정이 순탄하지는 않았다. 일단, 주어진 교육과정을 바꾼다는 것 자체에 대한 부담감이 너무 컸고, 동료 교사들을 설득하는 것은 거의 불가능에 가까웠기 때문이다. 그들은 교과서(주어진 교육과정에 충실한 것)를 넘어서는 것에 주저하였다. 특히 시험과 관계가 없는 별도의 교육과정을 진행하는 것에 대해 부담스러워했다. 국가에서 준 교육과정을 고친다는 것에 대해서는 거의 타부시하는 분위기였다. 그저 교과서를 재구성하여 일부를 삭제하거나 약화시키는 것 정도에 동의해 주었을 뿐이다. 그러다 보니, 그저 혼자 몇 시간 동안 재구성한 교육과정을 끄적여 보는 정도가 되었고, 그 정도의 교육과정 재구성에 만족해야만 했다. 그런데 그 과정에서도 교실 아이들의 작지만 분명한 한 뼘 성장을 자주 목격하게 되었고, 아이들이 주는 긍정적인 피드백에 용기와 의욕이 생겼다.

나. 교육과정-수업-평가-기록 일체화 수업을 함께 해 보다

그러나 교육과정 재구성을 혼자 하는 것에는 한계가 분명하다. 특히 평가 문항을 제출하는 때가 오면 이 한계는 더욱 커져갔다. 다른 반을 가르치는 선생님과의 공조가 절실했다. 현실과 거리가 먼 이상론만 가지고는 접근할 수가 없다는 생각에 이르렀다. 고민 끝에 타협안을 내 놓았다.

때마침 수학능력 시험에 의한 정시보다는 학생부 전형에 의한 수시가 한창 화두였던 시기였다. 학교에서도 탁월한 별도의 교육활동을 시행하여 탁월한 학생부를 기록할 것을 요구하였다. 거기에 부응하기 위하여 다양한 방과 후 교육활동들이 쏟아져 나오던 시기였다. 그 현실적 시류에 일단 편승하기로 하였다. 4시간 수업 중 3시간은 '시험에 나오는 것'에 충실한 수업을 하되, 주당 1시간만큼은 교육과정을 재구성해서 수업을 해보자고 제안하였던 것이다. 이 지점에서 동학년 동교과 교사들의 동의를 구할 수 있었다.

협의 끝에 1학기에는 17차시의 '작가 만나기 수업'을 총 하기로 결정하였다. 그 핵심 스토리(핵심 아이디어)는 다음과 같이 정했다.

> 무조건 '한 작가를 선택하여 읽고, 나를 성찰하고 타인을 이해한 후, 성찰과 이해를 바탕으로 창작하고 토론하며, 재구성하여 소통한다.'

일단, 해당되는 성취기준들을 국어와 문학 과목에서 가지고 와서, 핵심 스토리의 순서대로 재구성하였다. 여기에 그동안 생뚱맞게 일회성으로 진행하였던 백일장, 토론 대회, 문학의 밤, 문학 기행 행사들도 수업 시간에 포함시키거나 연계시키도록 하였다.

　작가의 선정은 처음에는 교사들의 협의에 의해 결정하였으나, 시간이 흐를수록 학생들의 선호도를 조사하거나 설문하는 방식을 선택해 나갔다. 윤동주, 정호승, 나태주, 황순원, 김동식 등의 다양한 작가들을 선정할 수 있었다. 한 작가만을 한 학기 내내 반복하여 지루하거나 단조로울 수도 있지만, 텍스트를 고정한 채, 아이들의 경험이 반복되고 다양하게 심화되도록 단계화하였다.

[그림 5-1] 2021년 나태주 만나기 수업의 흐름

　첫째 단계로 '~의 작품을 작가, 사회 문화적 배경, 상호 텍스트성 등 다양한 맥락을 참고하되, 자신의 느낌과 생각대로 읽고 감상한다'를 성취하도록 하였다. 수업 시간 중 학생들이 작품을 아무 선입견이나 사전 정보 없이 무조건 자신의 느낌대로 읽어 보도록 하는 것이었다. 그리고 자연스러운 느낌을 거침없이 말할 수 있는 기회들을 주었다. 어떤 말이든 발표하는 것만으로도 보상(피드백 중심의 수행평가)을 해 주었다. '주눅 들지 않는 교육과정', '경험하는 것을 인증하는 교육과정'[40]이 잘 구현될 수 있을 것이라고 믿었던 수업 단계였다. 그러자 그동안 발표하기를 꺼려했던 아이들도 참여하기 시작하였다. 그러면서 수업은 활기를 띠기 시작했고, 많은 아이들이 자신들의 발표를 스스로 대견해 했다. 아이들은 그동안 교과서에서 배워왔던 작품에서 배운 정답이 아닌, 느낌대로 자신의 삶을 작품을 통해 녹여낼 수 있다는 사실을 알게 된 것이다.

둘째 단계로는 '작품을 공감적인 관점에서 주체적으로 수용하고, 자신의 경험과 성찰을 담아 정서를 표현하는 글을 쓴 후, 상호 소통한다' 라는 자아를 성찰하는 활동을 적용하였다. 이 활동에서 한 여학생은 윤동주의 시집에서 '아기' 라는 단어만 십여 개 찾아내고는, 그 의미에 대해 골똘히 생각해 보았던 모양이다. 발표를 하면서 '그래서 나는 어른이 되면 이처럼 예쁜 아가를 많이 낳아서, 이 시구에 나오는 표현처럼 키우고 싶다' 라고 자신만의 시를 읽고 성찰한 내용을 발표한 것이 깊은 인상으로 남는다.

성찰이란 결코 교훈적이어야 한다는 무거움을 의미하지 않는다. 자칫 아이들에게 모범적이고 도덕적이고 거시적인 성찰을 해야 한다고 강요하면, 아이들은 진정성을 잃고 또 다시 정답 찾기에 힘들어 할 수도 있다. 이처럼 자유롭게 자신의 진정한 느낌을 말하게 하면, 아이들은 소박하지만 진술한 자신만의 성찰을 보여줄 수 있는 것이다.

---

40 '손민호, 조현영(2020), 『교육과정과 교육의 과정』(학지사)'에 나오는 용어를 인용함.

셋째 단계인 '작품을 공감적, 비판적으로 읽고, 자신과 관련이 있는 타인의 삶을 이해하는 글을 쓰고 발표한다' 라는 타인에 대한 성찰 활동도 마찬가지이다. 국가적이거나 사회적인 거창한 화두가 아닌, 소박한 자신의 주변을 되살펴 볼 수 있는 기회가 주어져야 한다. 그렇지 않으면, 교과서 속 윤동주만 배운 학생들은 이렇게 작품과 작가를 이해하기 마련이다.

- 나라를 위해 희생정신을 가진 독립투사
- 독립운동을 직접 하지 못하는 부끄러움에 대한 고백

그러나 『 '하늘과 바람과 별과 시』전체를 읽어 본 아이들은, 전혀 다른 느낌의 시들을 만날 수 있다는 것에 놀라움을 표현한다. 나라의 운명을 걱정하고 부끄러움을 고백하던 숭고한 윤동주가 아니라, 사소하고 유치한 일들을 즐기거나 고민하였던 10대와 20대의 윤동주를 만날 수 있기 때문이다. 그것이 오히려 10대의 우리 아이들에게는 더 친근감을 주고, 더 큰 공감력으로 다가올 수 있는 것이다. 한 학생은 〈비행기〉라는 시를 읽고 다음과 같은 편지를 동생에게 보냈다.

지빈아, 언니야.

언니는 지금 국어시간에 윤동주 시인을 탐구하고 있어. 지빈이도 지금쯤이면 학교에서 열심히 공부하고 있겠지? 지빈이도 윤동주 시인 알지? 언니도 수업하기 전에 이미 알고 있던 시인이었고, 그런데 〈비행기〉라는 시는 처음 보더라. 지빈이도 언니랑 아빠랑 엄마랑 비행기 타 본거 생각나지? 언니는 이 시 보고 바로 가족끼리 비행기 탔을 때가 생각이 나서 지빈이에게 편지를 보내고 있어. 항상 이륙할 때마다 느낌이 신기하다고 옆에서 재잘재잘 거리던 게 언니는 많이 생각나더라고. 그런데 지빈이는 저녁 비행기는 못타 보았잖아. 언니는 타 보았는데 밖에 불빛들이 너무 예쁘더라고. 다음엔 언니 랑 같이 저녁에 하늘 위에서 야경 구경 해보자. 서로 분명 좋아할 거야. 그때 까지는 숨이 차더라도 우리 참자꾸나. 하늘에 높이 떠서는 천천히 가도 될 거야. 힘들어도 수업 잘 듣고~ 집에서 봅시다. 안녕~

⟨비행기⟩
머리 위 프로펠러가
연자간 풍차보다
더~ 빨리 돈다.

땅에서 오를 때보다
하늘에 높이 떠서는
빠르지 못하다.
숨결이 찬 모양이야.

비행기는~
새처럼 나래를
펄럭거리지 못한다.
그리고 늘~
소리를 지른다.
숨이 찬가 봐.

이런 수업에 대해 동료 교사들끼리 불안감을 토론한 적도 있기는 하다.

"정답을 말해 주지 않아도 되나…, 아이들이 혹, 깊이 있는 학습을 하지 못하는 것은 아닐까…"

그러나 아이들이 스스로 자신의 성찰을 통해 해답을 찾아가는 수업, 0에서 출발하지만, 결국은 자신만의 100을 지향해 가는 수업이 옳다는 생각은 버리지는 않았다. 차근차근 단계를 밟아가면서 심화해 가는 학습의 힘은 결국 학생들 자신의 힘, 요즘 많이 이야기하는 학습자 주도성에 있다고 믿었기 때문이다. 그리고 그 방향을 놓치지 않으려고 함께 고민하고 함께 성찰해 나갔다.

별도의 행사로 진행하던 백일장도 수업으로 가지고 왔다. 글을 읽고 성찰하거나 이해한 것을 바탕으로 자신의 이야기를 담은 글을 써서 수업 시간에 발표하도록 한 것이다. 소수의 학생들만 참여하던 토론 대회도 과감하게 없앴다. 대신 같은 책을 읽은 아이들끼리 주제를 정해 놓고 수다처럼 토론하고 발표하도록 하였다. 질이 높은 토론을 마주하기는 어려웠지만, 모든 학생들이 토론을 경험하게 되었고, 그 경험 자체가 소중하다고 생각하였다.

수업의 마무리 부분은 크게 두 가지로 설계하였다. 하나는 그동안 경험하고 활동하였던 것들을 모아서 '학급원 모두가 함께 참여하는 작품 낭송회'를 하는 것이었고, 또 다른 하나는 작가와 만나기 위해 문학관을 가거나 작가를 초빙하여 대화하는 것이었다.

작품 낭송회를 하기 위해서는 학급 내에서 '낭송회 준비 위원회'를 만들었다. 그리고 1시간 정도의 학급 내 협의 시간과 2~3시간 정도의 연습 과정을 거쳐 40분간 시청각실에서 발표회를 하도록 하였다. 초등학교의 학예회처럼 반의 모든 아이들이 무대에 올라가야 하고, 모든 아이들이 진행요원이 되도록 하였다.

아이들은 그렇게 서넛이 모여서 때로는 더 많은 인원이 모여서 노래도 하고, 라디오극도 하고, 퀴즈대회도 하고, 그림과 함께 하는 시낭송도 하는 등 다양한 매체로 발표하였다. 물론 쭈뼛거리는 아이도 있었고, 자주 실수하는 아이도 있었고, 진지하지 못한 아이도 있었다. 그러나 잘하는 아이들만 하는 능숙한 모습보다는 '그 동안 경험했던 것을 다시 묶어 종합적으로 경험하고 발표하는 것' 그 자체에 의미를 두고자 하였다. 그런 발표하는 경험을 통하여 아이들은 어제보다는 한 뼘 더 성장한 모습을 보여 줄 거라고 믿었기 때문이다.

이런 발표회를 어떤 아이들은 3학년까지 하는 경우도 있었다. 3학년 쯤 되었을 때, 아이들의 발표하는 내용과 방법의 수준은 분명 1, 2학년 때와는 다른 것이었다. 고 3이라는 부담감이 때로는 발목을 잡기도 하였지만, 오히려 경험의 반복과 심화의 힘을 실감한 순간이기도 하였다.

이 수업의 마지막 단계는 '작가와 만나기'를 하는 것이었다. 돌아가신 분의 경우는 '문학관 답사' 행사를 통해서, 살아계신 분의 경우에는 '작가 초청 강연회'의 형식으로 만나볼 수 있도록 계획하고 실행하였다. 2019년 나태주 시인의 경우에는 '문학관 답사'와 '작가 초청 강연회'를 둘 다 진행하기도 하였다.

강연회라 하지만, 작가의 강연을 듣는 것으로 진행하지 않았다. 학생들은 작품을 읽으면서 자신만의 이해와 성찰에 대해 작가와 이야기하고 싶어 했고, 그것을 작가로부터 공감 받고 싶어 했다. 그래서 진행 자체를 학생들이 주도적으로 맡아서 하였고, '작가에게 엽서 읽고 보내기', '내가 읽은 시 읽고 성찰한 것 이야기하기', '작품 낭송회 다시 해 보기', '작가에게 궁금한 것 물어 보기' 등으로 진행하였다. 교과서나 문제집을 통해 작품을 분석하고 외우고 풀게 하는 것과는 분명 다른 배움이었고, 아이들의 삶과 맞닿은 문학 작품을 만나고 느끼고 성찰하는 행복한 경험이었으리라 믿는다.

2학기에는 주제를 '멘토 독서 토론'으로 정하였다. 그리고 그 핵심 스토리를 '자신의 진로나 흥미와 관련하여 한 권의 책을 선택하고, 같은 책을 읽은 학생들끼리 모여서 토론한 후 보고서를 작성하고, 이를 바탕으로 재구성하여 소통한다'로 정한 후, 1학기와 마찬가지로 17차시 수업으로 기획하였다.

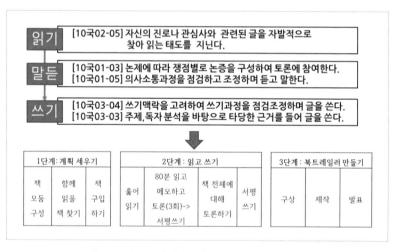

[그림 5-2] 2019년 멘토 독서 수업의 성취기준과 과정

우선 같은 진로나 희망을 가진 학생들끼리 모여서 모둠을 편성한 후, 책을 협의를 통해 선정하도록 하였다. 때로는 각자 책을 선정한 후, '그 책을 왜 읽으려고 하였는가?'에 대해 발표시킨 후, 공감한 친구들을 모아서 모둠을 만들기도 하였다. 너무 어려운 책을 선정한 모둠도 있었고, 자신들의 생각과는 거리가 먼 책을 선정하여 중간에 다시 책을 선정하거나, 모둠을 해체하는 불상사가 일어나기도 하였다. 어쩔 수 없이 교사들의 개입이 필요했다. 점차 자유로운 책 선택보다는 어느 정도의 책(15~30권정도)을 정해 주고, 그 책의 서평들을 읽어 보고, 그 안에서 자유롭게 고르고 모둠을 편성하도록 한 것이다.

수업 시간의 대부분은 '읽고 - 쓰고 - 수다처럼 토의하기'를 반복한 것이었다. 모둠마다 진행 속도가 달랐고 잘 진행되지 않는 모둠도 있었지만,

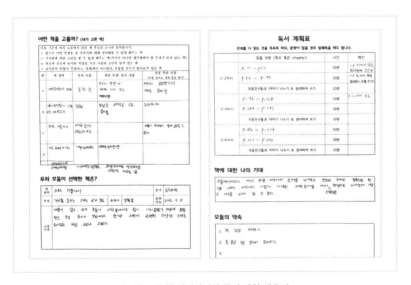

[그림 5-3] 책 선정하기와 독서 계획 세우기

대체로 자기 모둠의 속도를 결정하고 읽는 시간과 서로 이야기하는 시간을 결정한 후 그 속도에 맞추어 읽어 나갔다. 14차시 정도가 지나갔을 때, 완독 여부와 관계없이 그동안 읽은 내용을 바탕으로 북트레일러를 만들게 하고, 발표회를 가졌다.

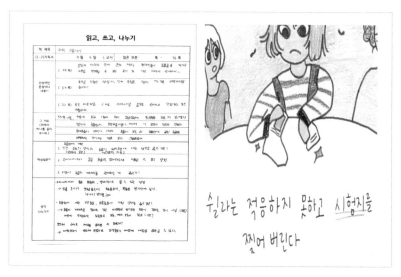

[그림 5-4] 책 읽고 토론하기와 북트레일러 만들기

교과서에서 제시하는 짧은 글 위주로 다량으로 읽게 하는 것보다, 이렇게 한 권의 완결된 책을 읽고 토의하고 발표하고 재구성하는 작업은 또 다른 의미가 있다. 스스로 찾아 읽고 그 안에서 자신의 관점에서 의미를 재구성할 뿐만 아니라, 그 과정 자체를 소통할 수 있다. 그렇게 함으로써 지적인 성장 뿐 만 아니라, 세상을 살아가는 가치와 태도를 함양할 수 있기 때문인 것이다.

그런데 이런 수업은 결코 주어진 교육과정만 가지고는 할 수가 없다. 교사의 교육과정 상상력이 절대적으로 필요한 것이다. 교사의 교육과정 재구성이 필요하고, 재구성을 실천하는 힘이 필요하다. 이것은 오직 교사만이 할 수 있고, 해야만 하는 영역이다. 최근 '한 학기 한 권 읽기', '수업 시간 중 책 읽기' 수업이 보편화되어 가는 경향이 반가운 이유가 여기에 있다.

2022년도 1학기에는 2학년 학생들을 대상으로 실용 국어 수업을 하였다. 비평준화 지역의 신설 학교라, 학업을 힘들어 하는 학생들이 적지 않았기 때문이다. 물론 일부 학부모님이나 교사들의 반대가 있었다. 그들은 인문계 고등학교에서 취업 대비용이라 여겼던 실용 국어를 한다는 것에 거부감을 표현했다. 그러나 적지 않은 학생들이 1학년 때부터 10학년 국어를 소화해내는 것조차 힘들어했던 현실을 무시할 수는 없었다. 그런 이유로 당시 1학년을 가르치던 국어 교사들이 더 늦기 전에 이 아이들에게 가장 기본적인 '의사소통 능력'을 키워주기 위해서는 실용 국어를 2학년 선태과목으로 결정한 것이었다. 2022학년도에는 약 60여명의 학생이 이 과목을 수강하였다.

"학생들의 의사소통 능력을 향상시키기 위해서, 자아를 성찰하거나 타인을 이해하는 글이나 말을 발표하고, 영화나 짧은 글에 나타난 문제의식에 대해 토론하고, 발표와 토론과 글쓰기의 기본인 올바른 어휘와 문장 익히기를 한다"라는 핵심 스토리를 정하고, 해당 성취기준을 가지고 와서 재구성하였다. 주로 학생들의 삶과 관련이 있는 것을 경험할 수 있도록 편성하여 '자기 진로 찾기 → 타인과의 대화 방식 찾기 → 영화나 짧은 글을 통해 세상의 문제를 진단하고 해결방안 찾기 → 올바른 언어생활을 위한

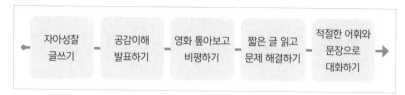

[그림 5-5] 2022학년도 실용국어 수업 흐름도

어휘와 문장 공부하기'로 단계화하였다.

진로 선택인 과목이라 A, B, C 3등급으로 평가하였고, 지필 평가를 모두 없애고 수행평가로만 100% 진행하였는데, 모든 평가 영역이 피드백 평가가 되도록 설계하였다. 특히 '고쳐하기와 다시하기'를 모든 평가 영역에서 가능하도록 하였다. 그런데도 불구하고, 결과는 만족스럽지 못했다. 전체의 50% 정도만이 A등급을 획득하였고, 전체의 20%는 C등급에 머물렀던 것이다.

교사의 입장에서도 수업을 진행하기가 쉽지 않았다. 수업 참여도가 높지 않았기 때문이다. 그러다 보니, 궁여지책처럼 학생들의 생활과 관련된 흥미로운 동기유발제를 많이 사용하려고 애를 썼다. 그런데 동기유발제를 활용하여 다시 '말하기'나 '쓰기' 등으로 유도하려고 하면 흥미도와 참여도는 급격하게 떨어졌다. 그렇다고 모든 수업을 단지 '도구적 재미'나 '정서적 재미'의 상태로만 머물 수는 없었다. 한 걸음 더 나아가 '인지적 재미'를 느끼게 하고 싶었다. 그 재미를 통해서 '의사소통 능력의 진전'이 있기를 기대하였던 것이다. 그런데 그것이 말처럼 쉽지 않았다. 수업 고민은 깊어지고, 해결 방법을 찾기가 어려웠고, 끝까지 해답을 얻지는 못했던 듯하다.

그러나 한 가지 깨달은 것은 있었다. 그것은 성급하게 굴지 않고 기다려 주어야 한다는 것이었다. '아이들의 학습 상황과 경험 상황'에 따라 수업을 천천히, 그것도 어려우면 다시 다른 것으로 바꾸어서 수업을 하는 것이었다.

인성카드를 이용하여 자신이 소중하게 여기는 단어를 세 개 찾고, 이것을 바탕으로 문장을 만들고, 모둠 내에서 큰 그림을 그리고 다시 이야기를 만들어 제시하고 게시한 후 댓글을 받도록 계획한 수업이 있었다. 그런데 학생들은 흥미를 전혀 보이지 않았다. 화가 났고, 아이들에게 잔소리도 해 보았지만 크게 소용이 없었다. 그때 아이들이 블록을 만들고 그것을 러시아어로 표현하는 수업을 우연히 보게 되었다. 그 러시아 교사는 도구도 잘 활용하였지만, 그 도구를 가지고 어떻게 '배움'으로 가지고 가는 지도 잘 알아서, 수업에 정확하게 적용하고 있었던 것이다.

내 수업에서도 인성 카드 대신 블록을 선택하였다. 아이들의 폭발적인 호응이 있었다. 아이들은 블록을 이용하여, 자신이 살고 싶은 집이나 자신이 가지고 싶어 하는 물건, 자신이 가장 소중하게 생각하는 사람이나 물건 등을 자유롭게 만들어 내었다. 그리고 그것의 의미에 대해 주변의 친구들에게 신나게 설명하고 자랑하였다. 잘 선택한 하나의 도구가 주는 선물이었다.

이제 그것을 다시금 조리 있는 이야기로 만들고 글로 쓰게 하는 것이 고민이었다. 이 고민을 아이들에게 던져 보았다. 어떻게 하면 좋겠는지를 물어 본 것이다. 아이들은 모둠을 만들어서 각자의 블록을 모아서 연결한 후, 글로 쓰고 발표를 하자고 제안해 주었다. 3인에서 6인까지 서로 마음

[그림 5-6] 2022학년도 실용국어 블록으로 이야기 만들기 수업

에 맞는 아이들끼리 모둠을 만들었고, 자신들이 만든 블록을 더 크게 확장하여 이야기를 엮어 나갔다. 그리고 발표하는 시간을 가졌다. 더듬거리고, 주저하고, 보고 읽기도 하고…. 그런데 그것이 내게는 감동적이었다. 이 아이들의 한 뼘 성장과 그 성장을 위해 노력하는 모습을 옆에서 지켜보았기 때문이다.

그러나 모든 수업이 이렇게 보람되게 연결되지는 못하였다. 결국 흥미 유발제와 인지적 활동 사이에서 고민을 하다가 어정쩡한 상태가 되기가 일쑤였다. 영화 톺아보기를 통해 글쓰기를 할 때는, 어떤 영화를 선정해야 하는지가 큰 고민거리였다. 아이들에게 흥미로운 것(대부분 전쟁, SF, 액션 등)

을 선택하자니 그것의 교육적 효과가 문제가 되었고, 교육적 효과 위주로 고르자니 아이들의 흥미도가 떨어졌던 것이다. 짧은 글을 선택하는 과정도 마찬가지였다. '학생들의 입장이나 상황, 흥미나 학습 정도'를 기본으로 하되, 그 아이들의 인지적 성장을 위해 끌고 올라가는 것이 얼마나 어려운 것인지를 다시금 알게 되었다. 결국 이 수업들은 지금도 아쉬움과 후회로 많이 남는다.

　그래도 이 고민을 멈출 수는 없다고 본다. 정답은 없지만, 해답을 찾으려고 애쓰는 것이 공교육 교사인 숙명일 것이다. 결국 수업은 늘 실패할 수밖에 없는 것이고, 그래서 언제나 수업을 고민해야 하는 것이다.

2. 교육과정-수업-평가-기록 일체화의 의미를 다시 새기다

✳

가. 교육과정-수업-평가-기록 일체화 동아리 활동을 하다

교육과정 재구성에 관심이 많았던 시절, 자연스럽게 경기도 혁신학교 운동에 관심을 가지게 되었다. 학교 혁신의 핵심은 교육과정-수업-평가의 혁신이고, 그 기본은 '배움 중심수업의 실천'이라는 말이 크게 와 닿았다.

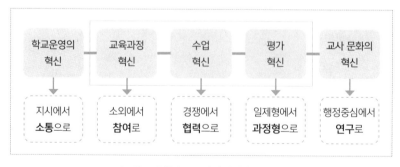

[그림 5-7] 혁신 교육의 핵심 영역 세 가지

이러한 교육과정과 수업과 평가의 혁신을 위해서 우선, 필요한 것은 학교 운영의 혁신이다. 그것은 행정업무 중심의 수직화된 조직 공동체를 교육과정 중심의 학습공동체로 전환하는 것이다. 이는 교사의 전문성 확보와도 밀접한 관련이 있다. 즉 일상적으로 함께 학습하고 연구하고 그것을 교실에서 실천하는 반성적 실천가, 실천적 연구자로서의 교사로서의 자리매김이 필요하다고 보았던 것이다.

그래서 교육의 바람직한 가치와 학교의 이상적 비전을 공유하고 교육활동을 만들고 교육과정을 재구성하는 학교 내 전문적 학습 공동체를 꿈꾸었고, 희망하는 교사를 중심으로 교내 학습 동아리를 만들어 보았다. 그런데 그 당시 교내 학습 동아리의 한계는 분명했다. 중학교에서나 특성화 고등학교에 있을 때는 '배움 중심 수업'에 대한 담론도 가능했고, '수업 공개와 나눔'도 어느 정도 유지될 수 있었지만, 입시 위주의 교육활동이 대부분인 인문계 고등학교에서는 시간의 확보조차도 쉽지 않았다. 더구나 입시와는 별개의 교육활동으로 모인다는 것에 대해 불편한 심정을 감추지 않던 일부의 시선 때문에 마음고생도 심할 수밖에 없었다.

그러던 2015년 교육청 김덕년 장학사가 작성한 공문 한 장이 내 마음을 사로잡았다. 그것은 '교육과정-수업-평가의 일체화로 수업문화 바꾸기'라는 긴 제목으로 학교 밖 동아리 회원을 모집한다는 공문이었다. 교육과정 재구성을 통한 수업과 평가의 연계에 관심이 많았기에, 주저함 없이 그 동아리에 가입하고 활동하게 되었다. 처음에는 서로의 수업에 대해 이야기하고, 수업 고민을 나누고, 수업 사례를 나누었다. 누군가는 교육과정에 더 관심이 있었고, 누군가는 수업에, 누군가는 평가에, 또 누군가는 기록에 더 관심을 가지고 있었던 듯하다. 그러나 그것이 별개의 것이 아닌, 하나로 이어질 수 있다는 일체화라는 공감대가 형성되어 있었기에 모임이 계속 유지될 수 있었다.

> 교육과정 재구성의 전문가이거나, 수업의 기술자이거나, 평가 전문가 또는
> 학생부 기록의 달인이 될 것을 요구받는 것이 아니다. 이 모든 과정을 하나
> 의 덩어리로 인식하고, 이를 자연스럽고 원활하게 실천하는 실천적 전문가
> 가 되어야 한다.[41]

이런 공통된 인식하에 수업을 공개하고, 연수를 진행하고, 신문에 기고도 하고, 책도 집필하게 되었다. 그런 와중에 '교육과정-수업-평가-기록 일체화'라는 용어와 개념이 경기도에서 시작하여, 점차 전국의 교사들에게 알려지게 되었다.

그러나 그 확대의 이면에는 대학 입시의 학생부 전형의 확대라는 현실적 필요성이 있었다. 교육과정을 출발점으로 삼고, 그것을 수업과 평가와 기록으로 일체화시켜가자는 우리의 바람과는 달리, 대부분의 고등학교에서는 최종적인 학생부 기록에 더 큰 관심을 두었던 것이다. 그리고 '어떻게 기록해야 하는가?'에 초점을 맞추는 것이, '교육과정-수업-평가-기록의 일체화'라는 오해도 생기게 되었다.

반성이 필요했다. 이 역시 또 다른 분절이고, 또 다른 교육적 왜곡 현상

---

41 이명섭 외 (2018), 『교육과정-수업-평가-기록 일체화(실천편)』, p. 43, 에듀니티

이기 때문이다. 기록은 평가의 다른 이름일 뿐이며, 그것은 배울 것을 제대로 배웠는가를 다시금 피드백 하는 서사가 되어야 하는 것이었다. 즉 학습을 위한 평가, 학습으로서의 평가로서 말과 글이 가지는 구체성과 맥락성에 더 관심을 가졌어야 했던 것이었다. 그것이 왜곡되어서 또 다른 변별의 효율적 도구로 사용되는 것을 경계했어야 했다.

또 누군가는 '교육과정-수업-평가-기록의 일체화'를 프로젝트 수업과 연결시키기도 하였다. 이것 역시 좋은 방향의 하나임에는 틀림없다. 그러나 하나의 수업 모형이나 방법(어떻게 배우느냐?)이 교육과정(무엇을 배우느냐?)보다 앞설 경우, 교육과정에 대한 고민과 재구성에 대해 소홀히 할 수도 있다는 생각이 든다. 우리가 교육과정과 수업과 평가와 기록이 일체화되어야 한다고 말하는 것은, '왜 배우는가?, 무엇을 배우느냐?'에 따라 '어떻게 배우느냐?'가 결정되어야 한다는 원리를 지키고 싶기 때문이다. 그리고 가장 근본적으로는 '나와 마주하고 있는 아이가 누구이냐?', 즉 '누가 무엇을 왜 배우느냐?'를 최초의 고민으로 놓아야 한다는 믿음이 컸기 때문인 것이다.

반성은 반드시 성찰이 뒤따라야 한다. 그런 반성과 성찰을 통해서 동아리 활동은 지금도 이어지고 있다. 아직은 경기도를 크게 벗어나지는 못했지만, 지금껏 유지해 오고 있는 힘이 바로 '내 교실의 아이들'이 잘 배울 수 있도록 교육과정을 재구성하고, 그것을 실천하고, 그것을 평가하고 기록하여야 한다는 어찌 보면 매우 단순한 믿음이고 실천일 것이다. 그것이 교육의 본질이고, 교육의 본질로 돌아가자는 기본적 수업 활동이라고 판단하기 때문이다. 그런 면에서 최미현 교사의 다음 말이 가슴 깊이 와 닿는다.

그럼에도 불구하고 나의 교과수업을 통해 학생들이 의미 있는 성장을 이끌어 내고 싶다는 간절한 교사들의 마음이 모여 일체화 동아리는 유지되고 있다. 현란한 수업 기술, 누구나 탄성을 자아낸 결과물에 박수치기보다는, 작은 변화에 함께 기뻐하고, 작은 고민에 위로와 공감을 나누고 해결방안을 함께 찾아보기 위해 노력하는 모습이 일체화 동아리의 진정한 힘이라고 생각한다. 수업의 본질에 대한 순수한 고민으로 시작된 일체화에 대한 논의가 전국적으로 확산되면서 부디 그 뜻이 왜곡되지 않기를 바란다. 또한 우리의 움직임이 작은 꽃씨가 되어 수업을 중심에 두는 학교를 만들어 가고, 교사 간 수업에 대한 장벽을 허무는 계기가 되고, 교사와 학생이 함께 성장하는 수업을 만들어가며 함께 행복한 학교 문화를 만들기를 기대해 본다.[42]

나. 교육과정-수업-평가-기록 일체화의 진정한 의미를 성찰하다

교육과정을 교사가 얼마만큼 재구성할 해야 하는가?

누군가는 교사는 단순히 국가에서 주어진 교육과정을 충실하게 전달만 하고, 그것을 공정하게 평가하고 기록해야 한다고 주장한다. 또 누군가는 국가에서 주어진 교육과정은 학생들의 실질적인 성장과는 거리가 멀기 때문에 이를 무시하고 '또 다른 철학과 신념'에 의해서 별도의 교육과정을 편성해서 가르쳐야 한다고 말하기도 한다.

---

42 이명섭 외(2017), 『교육과정-수업-평가-기록 일체화(실천편)』, p. 334. 에듀니티

이 극단적인 두 견해는 교육의 본질과는 거리가 멀다. 교육과정을 실제로 경험해야 하는 '배우는 학생들'을 우선적으로 고려하고 있지 않기 때문이다. 교육과정을 배우고 경험해야 하는 실질적인 교육과정의 최종 수혜자는 학생들인 것이다. 따라서 교육과정을 재구성할 때는 그들의 '배움', 즉 '배울 것을 제대로 배우고 경험하고 있는가?'를 우선 고려해야 하는 것은 당연한 것이다.

일단 국가가 만든 교육과정에 관심을 가져야 한다. 그것은 우리 학생들이 '배워야 할 것과 그것을 통해서 할 수 있는 것'들을 오랜 시간에 걸쳐서 많은 교육학자와 교사들이 합의하여 만든 것이기 때문이다. 그 안에는 교과 내용과 사회적 요구와 학생들의 상황 등을 반영해 놓았다. 그것을 잘 읽고 해석하고 분석하여 학생들을 교육해야 하는 것이 교사의 벗어날 수 없는 임무인 것이다.

그러나 이것은 주어진 교육과정을 그대로 추종하여 베끼라는 의미가 아니다. 오히려 그 교육과정을 잘 전달하기 위한 고민을 하라는 것이다. 그 고민은 주어진 교육과정의 목적성과 내 아이들의 현장성의 차이를 잘 이해하는 것부터 시작되어야 한다. 그리고 주어진 교육과정을 내 아이들에게 맞게 재해석하여 충실할 것인지 변형할 것인지 개발할 것인지를 고민해야 하는 것이다. 이는 교육과정의 실제 실행자인 오로지 교사의 몫이다. 임의적인 해석과 재구성이 아니라, 공동체성에 의거한 해석과 재구성이 되어야 한다. 그래야 내 교실의 아이들이 제대로 잘 배울 수 있을 것이다.

교육과정 실행 분야에서 쟁점 중 하나는 '충실도' 대 '변용'이다. '충실'의 관점은 교사가 교육과정 개발자의 의도를 파악하여 그대로 실행하는 경향을 말한다. '변용'의 관점은 교실이라는 구체적 상황에 맞춰 교육과정 자료를 바꾸는 과정을 말한다. …<중략>… 교사가 교육과정을 바꾸려는 시도와 교사 안내서나 교육과정 자료를 고수하려는 것 사이에는 문제가 발생한다. 교사가 교실에서 교육과정을 실행할 때 교육과정의 정신이나 의미를 훼손하지 않고 교육과정을 변용할 수 있는 방법이 있을까? …<중략>… 교사는 교육과정 자료를 선택하고, 적용하고, 구체적인 수업 상황에 어울리게 바꾼다. 가끔 교사는 자신의 것을 만들지만, 대부분은 학교 밖에서 개발한 것을 사용한다. 교사라면 누구나 매일하는 전문적인 활동 중 하나가 교육과정 활동일 것이다. [43]

　교육과정을 재구성하고 나면, 수업은 그 교육과정을 그대로 따라가면 된다. 물론, '어떻게 배우게 해야 그것을 잘 배울까?'도 깊이 고민해야 할 것이다. 그것은 요리의 레시피처럼 훌륭한 요리를 만들기 위한 도구가 되도록 해야 한다. 평가 역시 별개의 것이 되어서는 안 되며, 기록은 또 다른 말로 된 평가라는 인식이 필요하다.

　이것이 '교육과정-수업-평가-기록의 일체화'이다. 교육과정과 수업과 평가와 기록이 각기 분절되어서, 누군가는 교육과정만 하고, 누군가는 수업의 기술자만 되고, 누군가는 평가와 기록의 달인이 되는 것이 아니다. 나무를 잘라내어서 하나하나 가공하면 책상도 되고 의자도 되고 멋진 탁자도 되지만, 더 이상 생명이 있는 나무로 돌아가지는 못한다. 그렇게 자

43　미리암 벤 페레즈 지음, 정광순 외 옮김(2014). 『교사, 교육과정을 만나다』, 강현출판사

르고 가공하지 말고, 나무 전체를 잘 가꾸고 키우자는 것이다. 교단에 서는 교사라면 이 모든 것을 한 덩어리로 인식하여야 한다. 그리고 교육과정을 재구성하고, 그것을 좋은 수업 방법으로 수업 활동을 이어가고, 그 수업 활동 자체가 평가가 되어 피드백을 주고, 그 과정을 잘 관찰하여 기록하는 연속되고 일관된 실천을 게을리 하지 않는 반성적 실천가가 되어야 하는 것이다. 이것이 바로 교육과정-수업-평가-기록의 일체화의 진정성이다. 분절에서 일체화로, 이론에서 실천으로, 목표에서 성장으로, 결과에서 과정으로 돌아가자는 교사의 실천 운동이고, 교육의 본질을 찾고자 하는 노력인 것이다. 그런 의미에서 다음과 같이 '교육과정-수업-평가-기록의 일체화'에 대해 강조하여 제안하고자 한다.

첫째, 가르침의 오만에서 벗어나 학생의 배움으로

둘째, 현실적인 어려움이 있더라도 성적 너머에 있는 성장으로

셋째, 교육과정을 처음부터 끝까지 읽어 보기

넷째, 교육과정을 '내 교실의 아이들'에게 맞게 재구성하기

　- 구체화, 순서 바꾸기, 압축과 통합

다섯째, 재구성한 교육과정으로 수업 활동과 평가와 기록 일치시키기

　- 질문하기, 관찰하여 사실 기록하고 평가하기

이러한 '교육과정-수업-평가-기록 일체화'를 한 문장으로 정의하면 다음과 같다.

학생의 성장을 목적으로,

교육과정(성취기준)을 교실에서 삶으로 경험될 수 있도록 재구성하고

배움 중심의 수업으로 실천하며,

고쳐하거나 되돌아갈 수 있도록 평가하고,

그 성장과정을 맥락있게 기록하는

일관된 교사의 실천과정이다.

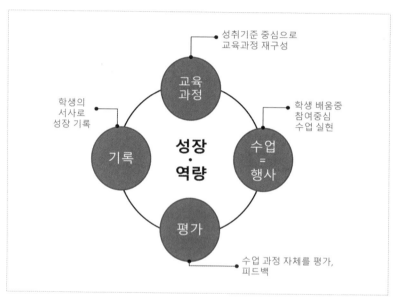

[그림 5-8] 교육과정-수업-평가-기록 일체화의 의미

다. 진정한 학생중심의 교사교육과정을 꿈꾸다

과거에 '사랑의 매'라는 것이 있었다. 나도 처음 중학교에 발령받았을 때, 말귀를 못 알아듣는 아이들에게는 어쩔 수 없이 체벌을 해야 한다는 생각이 강했다. 그래서 아무렇지도 않게 아이들을 체벌하였다. 아마도 그 때에는 아이들에 대해 이런 생각을 하고 있었을 것이다.

아이들은 철이 없다.
스승의 모습은 항상 옳다.
아이들에게 모범적인 세상의 가치를 가르쳐야 한다.
모범적으로 어른을 잘 따라하는 아이가 성공해야 한다.
가르침에 따르지 않는 아이들은 벌을 주어야 한다.

그러면서 잘 따르지 않는 아이들에게 강요하기도 하고 소리치기도 하고 혼도 내었다. 그것이 아이들을 잘 교육하는 것이라고 생각했던 것 같다. 그러면 분명히 아이들은 통제가 잘 되었다. 수업 시간에 자는 아이도 없었고, 수업 시간에 대드는 아이도, 딴 짓하는 아이도 없었다. 교실은 점차 안정되어 갔지만, 아이들은 단지 내가 무서워서 가만히 앉아만 있었던 것이다. 배우고 있는 것이 아니라, 배우는 척 하고 있었던 것이다. 그러면서 소통이 없는 교실에서 아이들과의 사이는 더욱 더 벌어지고 멀어져 갔다. 그 교실에서 나도 아이들도 외로웠다. 그때 아이들과의 소통을 가르쳐 주었던 동료 교사들, 그 후에도 아이들과의 만남을 위해서 애를 쓰던 더 많은 동료 교사들, 특히 내 교실에서 소외되었던 그 숱한 아이들을 만나지 못했더라면, 그들에게서 관계와 소통의 중요성을 배우지 못하였더라면, 그 외로움에서 끝내 벗어나지 못했을 것이다. 내게는 고마운 인연들이다.

누구에게나 다름이 있고, 그 다름으로 인한 어려움들이 있다. 누군가는 수업 시간에 못 알아듣기도 하고, 누군가는 수업 시간에 잠을 자기도 하고, 누군가는 다른 경험을 하고 싶어 한다. 교사가 원하는 한 가지 잣대를 강요하는 순간, 아이들은 그것을 진정으로 받아들이는 것이 아니라, 겉으로 순응하는 척 할 뿐이다. 오히려, 그 잣대로부터 멀어지고 포기하기도 하고 절망하기도 한다.

우리나라 사람들이 자신이 불행하다고 느끼고 삶의 만족도가 낮은 이유는 어릴 때부터 같은 잣대로 강요받으며, 그것을 얻기 위해 끊임없이 경쟁하기 때문은 아닌가?[44] 모두가 일등일 필요도 없고, 모두가 원하는 목표에 다가갈 필요도 없는 것인데도 말이다.

> 학생에 대한 기대가 모든 학생이 제때 동일한 시점에 해내야 한다는 식이 되어서는 곤란하다. 그보다는 아이의 능력에 따라 상대적이어야 한다. 이 말은 학생이 복잡한 분수의 나누기를 할 수 있을 거라 기대하지 않는다는 뜻이 아니다. 다만 5학년 넷째 달 셋째 주에 그럴 거라 기대하지 않는다는 뜻이다.[45]

---

44   곽윤정 외(2013), 『내 아이의 강점 지능』, 21세기북스
45   존 카우치외 지음, 김영선 옮김(2020), 『교실이 없는 시대가 온다』, 어크로스

이런 생각들이 뒤늦게 든 수업 철이 계기가 되었고, 교육과정 재구성에 대한 고민을 시작하게 된 이유가 되었다. '나와 마주하고 있는 아이들이 누구인가?' 로 시작하여 '무엇을 왜 어떻게 가르치는가?' 에 대한 근본적인 고민을 하게 되었다. 교육과정을 읽고 다시 쓰는 교육과정 재구성에 관심을 가지게 된 것이다.

교사는 그동안 교육과정에서도 소외되어 있었다. 교육과정 자체에 접근하기 보다는, 이미 주어진 교육과정을 가지고 '어떻게 잘 가르치고 평가할까?' 를 주된 고민으로 삼도록 강요받기도 하였다. 그러다 보니, 지식만 넘치도록 가르치거나, 반대로 도구와 활동만 넘치는 왜곡된 수업 기술들이 난무하기도 하였다. 평가에 너무 치중하다가 보니 오히려 평가를 위한 수업과 교육과정이 되어서 소위 '꼬리가 너무 커져서 몸통과 머리를 쪼그라지게 하는' 현상도 겪어 보았다. 결국 대부분의 교사들은 자신이 가르칠 교육과정을 자신이 정하지 않게 되는 지경에 이르게 되었다. 그것은 교사가 '학생을 교육한다.' 라는 전문성에도 어긋난 현상이다.

이제 교사는 교육과정을 실천하는 주체로서, 교육과정 자체에 관심을 돌려야 한다. 교육과정을 제대로 읽어 보아야 하고, 변형할 줄 알아야 하고, 개발자로서의 자리매김까지 나가야 한다. 그래야 교육과정의 실질적인 경험자인 아이들이 제대로 배울 수 있을 거라는 확신이 생길 것이다.

이제 교사교육과정에 관심을 가지고 정립해야 하는 이유가 여기에 있다. 이미 많은 교사들이 어려운 여건 속에서도 교사교육과정을 실천하고 있는 이유가 여기에 있다. 그들이 말하는 교사교육과정이란 무엇일까?

- 국가 교육과정(성취기준)을 적극적으로 재해석하여 우리 학급의 학생들에게 보다 적합한 수업으로 새로이 만들어 낸 실제적인 교육과정[46]
- 학생의 삶을 중심으로 국가, 지역, 학교 수준의 교육과정을 공동체성에 기반하여 교사가 적극적으로 해석하고, 학생의 성장과 발달을 촉진하도록 편성 운영하는 교육과정[47]

- 교원이 교육과정 문해력을 바탕으로 학생의 삶을 중심에 두고 국가, 지역, 학교 교육과정의 기반 위에 학교 공동체의 철학을 담아 계획하고 실천하면서 만들어 가는 교육과정[48]

교사교육과정이 지향하는 방향은 필연적으로 교실이고 학생들임을 잊어서는 안 된다. 그러므로 교사교육과정이 언제인가는 가야할 최종 목적지는 학생 수준 교육과정을 지나 학생 교육과정, 학생별 교육과정이어야 한다. 교육과정이 각기 다른 성장을 지향하는 학생별로 작성되어야 하고, 그것을 경험하고 배우는 학생들의 교육과정으로 작동되어야 한다는 것이다. 아직은 현실적이지 못하다고 생각할 수도 있지만, 가능성을 열어두고 추구해 나갔으면 좋겠다. 그래야 조금이라도 더 학생 중심의 교육활동이 가능할 것이라 믿는다. 그것이 지향하는 의미를 다음과 같이 정리해 보았다.

첫째, 학생들의 관계, 경험, 삶과 관련된 주제 항목을 만들어 보는 것

---

46 김현규(2016). 「국가교육과정 문서에 나타난 교육과정 재구성의 의미」, 한국교원대학교 석사논문

47 경기도교육청(2021). 경기도 교육과정 총론. 경기도교육청 고시 제 2021-486호.

48 전라북도교육청(2021). 전라북도 교육과정 총론. 전라북도교육청 고시 제 2021-12호.

둘째, 학생들 스스로 배우고 싶은 주제를 정해 보는 것

셋째, 배움이 빠른 학생, 배움이 느린 학생으로 구분되는 교육과정이 아니라, 각기 다른 배움의 방향과 속도를 가진 교육과정을 만들어 보는 것

넷째, 분절된 작은 단위로 평가하고 피드백을 주는 것이 아니라, 가치와 태도라는 큰 의미 덩어리로 평가하고 피드백을 주는 것

다섯째, 학생들의 교육과정 구상과 실천이 가능하도록 도와주고, 자료를 제공하는 등의 교사 역할로 전환해 보는 것

아이들은 어제의 우리들이기도 하지만, 그들의 미래는 아무도 예측할 수 없는 것이다. 따라서 그들을 우리의 잣대가 아닌, 각기 아이들의 시각에서 보는 것이 필요하다. 그런 이유로 학생별 교육과정이 소중한 것이다. 아이들에게서 시선과 등을 거두지 않는 교육과정을 꿈꾸어 보고 싶다. 그런 가능성을 지닌 교사교육과정을 보다 적극적이고 떳떳하게 전개되기를 바란다. 합리성, 논리성, 목표성, 정당성이라는 매뉴얼적인 사고가 아닌, 학생들의 꿈과 도전을 키워줄 수 있는 진정한 교사의 교육적 상상력이 더 요구되고 발휘되기를 간절히 희망한다.

라. 마치며

만돌이

윤 동 주

만돌이가 학교에서 돌아오다가
전봇대 있는 데서
돌짜기 다섯 개를 주웠습니다.
전봇대를 겨누고
돌 첫개를 뿌렸습니다.
⋯⋯딱⋯⋯
두 개째 뿌렸습니다.
⋯⋯아뿔사⋯⋯
세 개째 뿌렸습니다.
⋯⋯딱⋯⋯
네 개째 뿌렸습니다.
⋯⋯아뿔사⋯⋯
다섯 개째 뿌렸습니다.
⋯⋯딱⋯⋯
다섯 개에 세 개⋯⋯
그만하면 되었다.
내일 시험
다섯 문제에 세 문제만 하면－－

손꼽아 구구를 하여봐도

허양 육십 점이다.

볼 거 있나 공차러 가자.

그 이튿날 만돌이는

꼼짝 못하고 선생님한테

흰 종이를 바쳤을까요.

그렇잖으면 정말

육십 점을 받았을까요.

　백여 년 전 윤동주에게도 시험 성적과 공놀이 사이에서 갈등이 많았었나 보다. 우리도 그랬고, 지금의 아이들도 그러할 것이다. 열심히 공부해서 좋은 성적을 얻는 것은 기쁜 일이다. 그렇지만, 시험에 얽매여 성적도 좋지 못하고 공놀이도 못하면 더 불행한 일이다. 찍어서 60점만 맞아도 된다고 만족해하고, 공놀이하러 갈 수 있는 우리 시대의 만돌이들이 조금이라도 행복하였으면 좋겠다. 그들이 더 이상 개미처럼 겨울을 위해 일만 하는 것이 아니라, 베짱이처럼 교실에서 노래도 부르고, 함께 즐거운 수다도 나누는 정담이 오가는 교실을 경험하였으면 한다. 토끼와 거북이를 경주시켜서 승패를 가르는 그런 교실에서 갇혀 있지 않았으면 좋겠다.

　이제는 오직 미래의 성공만을 위해서 지금의 행복은 유보해야 하고, 성공을 위한 가치 이외에는 부수적이라고 생각하는 고정관념에서 벗어났으면 한다. 물론, 10대에는 열심히 공부해야 한다는 것에는 이의가 없다. 다만, 남보다 더 열심히 공부해야 살아남는 밀림 속의 야수들처럼 공부를 시키지 않았으면 한다. 그 안에서 결국 소수의 승자만이 살아남고, 대다수의 패배자들은 절망과 고통에 빠지게 된다. 승자나 패자나 모두가 존중받는 공부, 더 나아가 모두가 승자가 되는 공부를 할 수 있도록 해 주었으면 싶다. 그러기 위해서는 교사가 세상의 모든 정답을 가르치려고 애쓰지 않아야 한다. 그 정답을 잘 맞추는 아이들에게 큰 보상을 주어야 한다는 '공정성의 함정'에 깊이 빠지지 않아야 한다.

가르침의 오만에서도 벗어나야 한다. 단지 아이들의 경험과 배움을 소중히 여기고 기다려 주고 지지해 주는 것이 필요하지 않을까. 그래서 그들이 온전히 '스스로 살기'와 '더불어 살기'의 가능성을 열어주는 그런 수업이 그들 앞에 펼쳐지기를 기대해 본다. 교육과정을 재구성하고 그것을 수업과 평가와 기록으로 일체화시켜가는 작업을 통해서 그런 수업을 지향할 수 있을 거라고 생각한다. 그것이 우리 아이들의 한 뼘 성장의 가능성을 높여줄 것이라고 믿고 있기 때문이다. 아직은 이에 대해 거부감도 크고, 현장에서의 실천에 어려움도 많고, 실행의 경험 축적도 많이 쌓이지 못한 것도 사실이다.

그러나 누가 뭐라 해도 교사들은 교육전문가이다. 국가에서 '법령에 의해 학생을 교육하도록' 자격증을 우리에게 주었음을 잊지 말아야 한다. 그러므로 우리는 사교육과는 다른 길을 걸어야 한다. 그곳은 '차이를 넓히는 교육'을 주로 하는 곳이지만, 우리는 '차이를 좁히는 교육'에 보다 관심을 가져야 한다. 그곳은 '머릿속에 집어넣는 교육'을 주로 하는 곳이지만, 우리는 '머리에서 꺼내는 교육'을 우선시해야 한다. 그것이 우리가 '학생을 교육하는' 교사로서의 진정한 전문성이 아니겠는가.

<부록>

내 교실에서 바로 써 먹을 수 있는
교육과정-수업-평가-기록 일체화 디자인

『**교육과정-수업-평가-기록 일체화**』 **부록사용법**
온라인을 통해 본문에 소개된 주요 양식 및 교-수-평-기 일체화 양식을 다운로드 받을 수 있습니다.

1. 네이버 밴드 가입
2. 검색창에서 [**교육과 실천**] 검색
3. **#교수평기일체화** 게시판 선택
4. 해당 양식지 다운로드 및 비밀번호 입력 후 출력

* 온라인에서 다운로드 가능한 양식

▶ 본문관련

▶ 교-수-평-기 일체화 양식

교육과정-수업-평가-기록 일체화를 실행하기 위해서는 구체적이면서도 단계적인 설계도가 필요했다. 그런 의미에서 일정한 디자인 양식을 만들어 보았는데, 그 절차를 다음과 같이 정했다.

1. 일체화 성찰하기	양식 1. 교육과정, 수업, 평가.기록에 대해 성찰하기	
	양식 2. 교사교육과정을 설계해야 하는 이유 성찰하기	
	양식 3. 교육과정-수업-평가-기록의 방법 확인하기	
2. 일체화 철학 세우기	양식 4. 교사 자신의 성향 파악하기	
	양식 5. 수업비전 세우기	

3. 성취기준 읽고 분석하기 ──	양식 6. 성취기준 분석하기
4. 성취기준 쓰기 ──	양식 7. 순서 바꾸기
	양식 8. 구체화하기
	양식 9. 압축하기
	양식 10. 통합하거나 융합하기
5. 수업과 평가로 일체화하기 ──	양식 11. 평가와 기록 만들기
	양식 12. 교육과정=수업=평가(기록)일체화 하기
	양식 13. 종합적으로 디자인해 보기

　이러한 디자인 양식은 교육과정−수업−평가−기록 일체화를 구체적으로 실행하기 위한 양식일 뿐이다. 각 교사의 철학과 의도 또는 상황에 따라, 다른 방법을 사용하는 것도 가능할 것이고, 이 양식을 활용하되, 나름대로 변형하거나 개발하는 것도 가능할 것으로 보인다. 단지, 이러한 디자인을 해 보는 경험을 통해 교사교육과정이 보다 실체화되고, 그로 인하여 교육과정−수업−평가−기록 일체화의 다양한 사례들이 나오기를 기대해 본다.

1. 일체화 성찰하기

양식1. 교육과정, 수업, 평가, 기록에 대해 성찰하기

교육과정, 수업, 평가. 기록은 교사의 고유 교육활동입니다. 그동안 이에 대해 어떤 생각을 가지고 있었는지에 대해 적어보고, 성찰해 봅니다.

교육과정	• 교육과정은 무엇일까요? • 주어진 교육과정을 어떻게 보아야 할까요? • 충실? 변형? 개발? • 교육과정(성취기준)을 어떻게 사용할 수 있을까요?	
수업	• 선생님이 사용하시는 교수학습법에 대해 말씀해 주세요.(왜 선택하였는지, 어떻게 운용하는지?)	
평가	• 평가의 목적은 무엇일까요? • 학습결과의 평가, 학습으로서의 평가, 학습을 위한 평가를 어떻게 사용할 수 있을까요?	
기록	• 왜 기록하나요? • 어떻게 기록하나요?	

1. A는 전문직으로서의 교사의 정체를 세 가지로 정의해 본 것입니다. B는 교육과정으 선
   순환에 대한 것입니다. C는 교사수준 교육과정이 가지는 의미에 대해 밝힌 것입니다.
   이를 바탕으로 교사가 교사교육과정을 설계해야 하는 이유에 대해 공감해 봅시다.

A

1. 교사는 주어진 교육과정(방향성)과 내 교실(현장성)의 차이를 가장 잘 이해하는 존재
2. 교사는 목표 중심의 국가 교육과정을 내 아이들의 성장에 맞는 학생중심의 교육과정으로 재해석하는 존재
3. 교사는 국가교육과정을 읽고 분석한 후, 충실-변형-개발 사이에서 늘 고민하는 존재

B.

C.

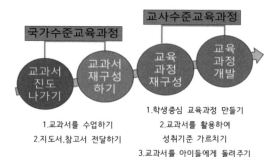

1.교과서를 수업하기
2.지도서,참고서 전달하기

1.학생중심 교육과정 만들기
2.교과서를 활용하여
성취기준 가르치기
3.교과서를 아이들에게 돌려주기

추상적이고 포괄적이며 대강화되어 있는 국가수준의 교육과정을, '내 교실의 아이들'에게 맞게 변형하는 과정의 기본은 '수업에서 학생들이 구체적으로 무엇을 가지고 어떤 모습으로 어떻게 경험하고 어떤 가치나 태도를 가지게 되는지'를 적어 보는 것입니다. 그리고 질문으로 평가 준거 만들고 관찰하여 기록하는 것입니다. 이에 대해 다시 한 번 고민하는 시간이 되었으면 합니다.

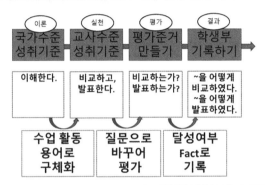

과목	국가교육과정	교사교육과정	평가요소	기록
영어 (중1)	[9영02-04] 일상생활에 관한 방법과 절차에 대해 설명할 수 있다. [9영02-07] 주변의 위치나 장소에 대해 묻거나 답할 수 있다.	뉴욕에서 길을 잃은 사람이 되어 주변의 관광지를 찾아가는 질문을 던지고 이를 활용한 대화를 완성한 후 뉴욕시의 지도를 보고 길을 찾는 사람에게 길을 찾아가는 방법을 현재 위치 기준에서 순서대로 설명해 줄 수 있다.	1. 길, 방향을 묻는 대화문의 빈 칸을 채워 짝꿍과 함께 소리내어읽을 수 있는가? 2. 길 찾기에 관련된 표현들을 이용하여 발화된 말을 듣고 설명이 가리키는 위치를 정확하게 찾아 학습지에 표시할 수 있는가? 3. 뉴욕시의 실제 지도를 보고 장소의 이름이 삭제된 지도에 친구의 설명을 듣고 이름을 써 넣을 수 있는가?(3개 이상의 장소) 4. 반대로 친구에게 목표 장소까지 가는 방법을 영어로 설명할 수 있는가? (2개 이상의 장소)	길 찾기에 관련된 표현들을 학습한 후, 뉴욕지도를 활용하여 짝활동으로 길을 찾아가는 대화하기 활동을 하고 발표함.

2. 일체화 철학 세우기

1. 수업비전을 세우기 위한 전 단계로 자신의 성향을 파악해 보는 방식입니다.
2. 주어진 단어 중, 본인에 해당된다고 생각되는 것을 3~6개를 선택합니다.
3. 단어들을 연결하여 하나의 문장으로 만들어, 자신의 성향을 표현합니다.
   예) 나는 변화를 좋아하고 상상력이 풍부하며 낙천적이나, 흥분을 잘하고 충동적이어
   서 수업시 실수를 자주하는 교사이다.

생각이 깊음	실천적임	부끄러움	끈기있음
조용함	솔직함	주장이 강함	당황을 잘함
습관적임	변화를 좋아함	침착하지 못함	규칙을 지킴
상상력이 풍부	충고를 잘들음	감정이 예민함	쾌활함
적극적임	도전적임	충동적임	잘 참음
소극적임	경쟁을 즐김	긍정적임	남을 배려함
부드러움	낙천적임	흥분을 잘함	덤벙거림
창의적임	혼자있기 좋아함	기분이 앞섬	감동을 잘함

↓

연결한 단어를 바탕으로, 어떤 성향의 교사인지 표현해 보기

1. 학습자 이해 → 교육과정과 나의 교육적 의도 파악 → 실천 항목을 표에 따라 정리합니다.
2. 정리된 내용을 바탕으로 내가 지향해야 할 수업의 핵심가치를 3~5개의 단어로 추출하고 문장으로 정리합니다.

    예) 깊이 생각하고 자유롭게 표현하고 나와 너를 수용하는 국어 수업

        물음표를 느낌표로 자랑할 수 있는 물리 수업

        따뜻한 시선으로 인간과 세상을 바라보는 학생을 만들기 위한 역사 시간
3. 수업비전을 동료교사나 학생들하고도 공유합니다.

성찰 단계	성찰의 내용	
나와 마주하고 있는 아이들은 누구인가?		
나는 이 아이들이 어떻게 성장하기를 바라는가? (교사의 의도와 철학)		
나의 수업 성찰하기	나는 어떤 수업을 하고 싶은가?	
	그런데 실제로 어떤 수업을 하고 있는가?	
	내가 실천할 수 있는 가능성있는 수업은 무엇인가?	
나의 수업 비전은?		

3. 성취기준 읽고 분석하기

양식6. 성취기준 분석하기

1. 성취기준은 '교과수업 활동의 기준'을 문장으로 표현한 것입니다.
2. 배워야할 내용인 지식과 할 수 있거나 할 수 있기를 기대하는 능력인 기능, 태도,역량이 결합(지식기반역량)되어 있는 것입니다. 즉 '앎을 바탕으로 삶이 되도록' 배워야 하는 것입니다.

성취기준	지식	기능,태도,역량
[10수학02-01] 두 점 사이의 거리를 구할 수 있다.	두 점 사이의 거리 구하는 식 알기	주어진 두 점 사이의 거리 구하기
[6사02-04]헌법에서 규정하는 기본권과 의무가 일상 생활에 적용된 사례를 조사하고, 권리와 의무의 조화를 추구하는 자세를 기른다.	헌법에서 규정한 기본권과 의무에 대해 알기	일상 생활에 적용된 사례 조사하기, 권리와 의무의 조화를 추구하는 자세 갖기

성취기준	지식 (배워야할 내용)	기능,태도,역량 (할 수 있거나 할 수 있기를 기대하는 능력)

4. 성취기준 쓰기

양식7. 순서 바꾸기

1. 한 학기동안 아이들이 배우게 될 성취기준(또는 내용요소)을 카드화하고, 이를 어떤 순서로 배우게 할지 순서를 만듭니다. 이 때 단계와 절차, 반복과 심화, 과제의 연결, 스토리화 등을 염두에 두시면 됩니다.

   예) 거꾸로 역사 수업, 읽고-말하고-듣고-쓰는 통합 국어 활동, 상황별 과학, 쉬운 것
   → 어려운 것으로 가는 수학, 주제별 사회 등

1	2	3
[10국02-03]삶의 문제에 대한 해결방안이나 필자의 생각에 대한 대안을 찾으며 읽는다.	[10국01-03]논제에 따라 쟁점별로 논증을 구성하여 토론에 참여한다.	[10국03-02]주제, 독자에 대한 분석을 바탕으로 타당한 근거를 들어 설득하는 글을 쓴다.

1	2	3
4	5	6
7	8	9
10	11	12
13	14	15

1. 성취기준을 재구성하는 가장 기본적인 방법입니다.

2. 추상적, 포괄적, 대강화되어있는 국가수준의 성취기준을 내 교실의 아이들의 상황에 맞게 구체화하는 것입니다.

3. 학생이 수업 시간 중 경험해야 할 것, 학습자 조직 형태, 수업의 방법, 도구의 사용, 지녀야 할 가치나 태도 등을 구체적으로 문장으로 기술합니다.

기본 성취기준	구체화하기
[4국05-02]인물, 사건, 배경에 주목하며 작품을 이해한다.	우투리 설화를 읽고 줄거리를 파악한 후, 누가(인물), 무엇을 어떻게 왜(사건), 언제 어디서 하는지(배경)을 찾아 활동지에 기록하고 발표한다.
[10수학02-01] 두 점 사이의 거리를 구할 수 있다.	수직선 위의 두 점 사이의 거리를 이해하고, 좌표평면 위의 두 점 사이의 거리를 구한 후, 지도에서 좌표축을 정하고 실제 거리를 구할 수 있다.

기본 성취기준	구체화하기 - 어떤 학습 상황인가? - 어떤 도구(읽을거리, 볼거리, 학습자료 등)를 가지고 하는가? - 어떻게 활동하는가? - 어떤 태도나 가치로 연결되는가?

1. 성취기준의 일부를 약화하는 덜어내기(-)와 하나의 성취기준을 2~3개로 쪼개는 나누기(/)가 있습니다.
2. 성취기준의 내용요소 자체를 생략하는 것은 지침에 어긋납니다.

기본 성취기준	구체화하기
~을 이해하고 탐구한다.	이해한다.(덜어내기)
[12문학04-01]문학을 통하여 자아를 성찰하고 타자를 이해하며 상호소통하는 태도를 지닌다.	작품을 읽고, 자아를 성찰한다.(나누기 1)
	작품을 읽고, 타자를 이해한다.(나누기 2)
	작품을 읽고, 상호소통하는 태도를 지닌다.(나누기 3)

기본 성취기준	압축하기	
	덜어내기(-)	
	나누기(/)	

양식10. 통합하기와 융합하기

1. 성취기준끼리 물리적으로 합하는 통합하기(+)와 성취기준끼리 화학적으로 교차시키는 융합하기(X)가 있습니다. 통합하기는 주로 교과 내에서, 융합하기는 주로 교과간에 이루어집니다.
2. 성취기준의 내용요소 자체를 생략하는 것은 지침에 어긋납니다.

기본 성취기준	구체화하기
~을 읽는다.	~을 읽은 후에 쓴다.(통합)
~을 쓴다.	
~을 영어로 말한다.	~을 영어로 노래를 부른다.(융합)
~을 노래를 부른다.	

기본 성취기준	압축하기	
	통합하기 (+)	
	융합하기 (X)	

5. 수업과 평가로 일체화하기

양식11. 평가와 기록 만들기

1. 재구성한 성취기준(수업 만들기) = 평가 = 기록이 되어야 합니다.
2. 변별평가 위주인지 피드백 평가 위주인지를 명확하게 구분하는 것을 권합니다.
3. 재구성한 성취기준을 질문으로 바꾸면 평가 준거가 되고, 학생별 성취도를 서술하면 기록이 됩니다. 결코 분리되어서는 안됩니다.

재구성한 성취기준	평가기준 만들기	가상기록 만들기
우투리 설화를 읽고 줄거리를 파악한 후, 누가(인물), 무엇을 어떻게 왜(사건), 언제 어디서 하는지(배경)을 찾아 활동지에 기록하고 발표한다.	1. 우투리 설화를 읽고 줄거리를 파악하고 있는가? 2. 우투리에 나오는 인물들을 찾을 수 있는가? 3. 우투리의 사건 전개를 시간별로 기록할 수 있는가? 4. 우투리 설화의 배경의 특징을 이해하고 있는가?	우투리 설화의 인물, 사건, 배경을 중심으로 10컷의 웹툰으로 재구성한 후, 이를 게시하고 동료평가를 받는 활동을 1시간 전개함.

	평가기준 만들기	가상기록 만들기
재구성한 성취기준	1. 재구성한 성취기준을 질문의 형태로 바꾸면 됩니다. 2. 3단계, 또는 2단계 3. 3단계의 경우에는 평가기준에 3단계 루브릭을 사용하거나, 질문의 형태로 만들어 상,중,하로 직관 평가 가능 4. 2단계로 할 경우, '~할 수 있는가?', '~을 실행하였는가?'의 질문 형태로 만든후, 1/0으로 바로 채점	1. 학생 활동 사실 위주로 기록 2. 교사의 관찰 평가를 덧붙인다. 3. 성취기준의 지식, 기능(태도 및 역량)의 달성 여부를 기록한다. 4. 성장(흥미, 관심분야, 적성, 강점, 노력)이 드러나도록 한다.

양식12. 교육과정-수업-평가(기록) 일체화하기

1. 지금까지 디자인한 것을 하나의 표로 모으는 작업입니다.
2. 마지막에 영역,제재, 단원 등을 선택하면 됩니다.

기본 성취기준	성취기준 재구조화 (무엇을 어떻게 배울 것인가?)	평가 (무엇을 어떻게 평가할 것인가?)	영역, 제재,단원
[4국05-02] 인물, 사건, 배경에 주목 하며 작품을 이해한다.	우투리 설화를 읽고 줄 거리를 파악한 후, 누가 (인물), 무엇을 어떻게 왜(사건), 언제 어디서 하는지(배경)을 찾아 활 동지에 기록하고 발표 한다.	1. 우투리에 나오는 인물들을 찾을 수 있는가?, 2. 우투리의 사건전개를 시간 별로 기록할 수 있는가?, 3. 우투리 설화의 배경의 특 징을 이해하고 있는가?	(교과서 45 쪽 우투리 설화)

순서	기본 성취기준	성취기준 재구조화 (무엇을 어떻게 배울 것인가?)	평가 (무엇을 어떻게 평가할 것인가?)	영역, 제재,단원
1				
2				
3				

성취기준 선택하기 (2개 영역 이상에서 2~3개선택)	번호/영역	성취기준	
	1/		
	2/		
	3/		
	4/		
성취기준 분석하기 – 지식과 기능 (태도,역량)으로 나누어 보기	번호	지식	기능, 태도, 역량
	1		
	2		
	3		
	4		
성취기준 재구조화하기 (무엇을 배울 것인가?)			
학습경험 만들기 (무엇을 어떻게 배울 것인가?, 재구조화한 성취기준을 학습장면별로 다시 개조식으로 서술)			
평가기준 만들기 (재구조화한 성취기준 및 학습경험을 그대로 질문의 형태로 만들고, 3단계 또는 2단계로 평가점수 부여)			

| 참고문헌

단행본

- 루돌프 슈타이너 지음 김성숙 옮김(2001), 『교육은 치료다』, 물병자리
- 홍후조(2022), 『알기 쉬운 교육과정』, 학지사
- 마이클 센텔 지음 함규진 옮김(2021), 『공정하다는 착각』, 와이즈베리
- 토드로즈 지음 정미나 옮김(2020), 『평균의 종말』, 21세기북스.
- 마르쿠스 베른센 지음 오연호 옮김(2020), 『삶을 위한 수업』, 오마이북
- 에르끼 아호 지음 김선희 옮김(2010,.『핀란드 교육개혁 보고서』, 한울림
- 존듀이 지음 이홍우 옮김(2007), 『민주주의와 교육』, 교육과학사
- 정호승(2015), 『수선화에게』, 비채
- 김효수 외(2018), 『나와 공동체를 세우는 수업 나눔』, 좋은 교사
- 김명숙외(2017), 『수업고민. 비우고 담다』, 맘에드림
- 밥 바이크 지음 김경섭, 유재필 옮김(2004), 『밥 바이크의 창의적 교수법』, 김영사
- 이명섭 외(2018), 『교육과정-수업-평가-기록 일체화(실천편)』, 에듀니티
- 미리암 벤-페레즈 지음 정광순외 옮김(2014), 『교사. 교육과정을 만나다』, 강현출판사
- 존 카우치외 지음 김영선 옮김(2020), 『교실이 없는 시대가 온다』, 어크로스

논문, 보고서, 기사, 영상자료 등

- 김현규(2016), 「국가교육과정 문서에 나타난 교육과정 재구성의 의미」, 한국교원 대학교
- OECD 발간 신명호 옮김, 「Education 2030 : The Future of Education and Skills」, 진보교육연구소
- 맥킨지 앤 컴퍼니, 「미래의 직업 세계에서 시민들이 필요로 하는 기술 정의」
- 교육부(2015), 2015 개정 국어과 교육과정 교육부 고시 제2015-74호.
- 교육부(2022), 학생부 작성 및 관리 지침(교육부 훈령 제393호)
- 서울대 입학 본부(2019), 「2015 개정 교육과정과 연계한 입학 전형 발전 방안 연구」, 서울대
- 임진택(2022), "학생부 세특 기재 요령 파헤치기", <내일교육> 1050호
- 교육부(2022), 학생부 작성 및 관리 지침(교육부 훈령 제393호)
- 17개 시도교육청(2020), 교과 세부능력 및 특기사항 기재 도움 자료(국어, 수학, 과학, 역사)
- 경기도교육청(2021), 경기도 교육과정 총론, 경기도교육청 고시 제2021-486호
- 전라북도교육청(2021). 전라북도 교육과정 총론. 전라북도교육청 고시 제2021-12호
- <한겨레> 인터넷판(2011. 05. 06.). hani.co.kr/arti/society/schooling/476638.html
- EBS 다큐프라임 <시험은 어떻게 우리를 지배 하는가>(2017 .03. 27)
- JTBC <차이나는 클라스>(2020. 03. 04)
- EBS 다큐 <학교의 기적> DVD판(2015)
- MBC PD수첩 <가짜 학생부>(2018. 10. 16)

교사의 시선

김태현 지음

'교사의 시선'으로 교사가 매일 경험하는 일상, 그 보통의 하루가 가지는 가치를 깊이 들여다본다. 시선, 심미안, 메시지, 커뮤니티, 콘텐츠, 디자인으로 교사의 삶을 만나보자. 그리고 교사이기 이전에 한 인간으로서 겪어야 하는 보편적인 고통에 대해서도 생각해본다.

교육을 가로막는 벽

김성환, 정재석, 박기황, 이필규, 오스티나 강 지음

교사가 오로지 학생들을 위한 교육에만 전념할 수 없는 이유는 무엇인지, 어떻게 하면 교사와 관리자, 학교 행정실, 교육청, 교육지원청이 한마음으로 학생 성장이라는 하나의 목표를 위해 협업할 수 있는지, 그런 환경과 문화를 만들려면 어떻게 달라져야 하는지를 묻고 대답한 책이다.

진짜 이기적인 교사

이지명, 이병희, 이진희, 최종철, 홍석노, 이대성 지음

협력에 대한 정(正)-반(反)-합(合)으로 쓰는 새로운 학교문법. 이 책에서 저자들은 협력의 걸림돌의 근본적 원인을 일상적으로 느낄 수 있는 실존적 불안에서 찾았고, 협력의 변증법을 대안으로 제시한다.

제4차 산업혁명과 교육의 미래

사토 마나부 지음, 손우정 옮김

학교교육과 학교개혁의 전문가 사토 마나부 교수가 내놓은 교육의 미래. 제4차 산업혁명과 펜데믹으로 혼란한 시대, 사회와 교육이 한창 급격한 변화를 맞이하고 있는 이 상황에서 교육은 어떻게 대응해 나가야 하며, 어떠한 배움을 필요로 하고 있는가에 대한 분석과 전망을 담았다.

민주학교란 무엇인가

이대성, 이병희, 이지명, 이진희, 최종철, 홍석노 지음

민주시민 교육과정에서 민주적 학교문화까지 민주학교의 길을 먼저 걸어간 저자들이 민주적인 구조와 과정을 실천하는 학교문화 속에서 민주시민교육을 핵심 교육과정으로 민주시민을 양성하는 '민주학교'가 무엇인지를 보여준다.

미래학교, 공간과 문화를 짓다

송순재, 김은미, 박성철, 송경훈 지음

학교라는 물리적 공간은 선생님이 일방적인 배움을 주는 공간처럼 느껴진 것이 우리의 전통적인 학교 공간이었다면, 학교가 지역사회의 중심이 되도록 학교 시설을 지역과 공유하며, 지역사회와 연계하여 상호교류가 가능한 열린 공간이 되는 게 바로 미래학교이고, 미래교육이다.

회복적 생활교육으로 학급을 운영하다

강현경, 김승아, 김준호, 노슬기, 박수미, 이현주, 전안나, 한득재 씀

현장의 교사들이 가장 큰 어려움으로 꼽는 학급운영과 생활지도를 '회복적 생활교육'의 철학과 관점에서 풀어낸 책이다. 일 년 동안 학급을 운영하면서 적용할 수 있는 구체적인 시나리오와 다양한 사례를 담고 있다.